RELATOS COLAPSISTAS 4

Feliz Colapso

Manifiesto colapsista, yonkis tecnológicos

y el coste civilizatorio.

FELIX MORENO ARRANZ

Título original: Relatos Colapsistas 4 BW. Feliz Colapso.

© Félix Moreno Arranz. Edición original, Noviembre de 2020, BW Junio de 2021 **V1.0 BW**. Diseño, portada, maquetación, edición Félix Moreno Arranz con ayuda de la comunidad de RC. Revisión de **Sonia Rubio Hernando**. Made with free software, not free as free beer but free as freedom. Libre Office 7.0.5.2, Kolour Paint 20.08.1, Ubuntu 20.10, FireFox 87.0 Fuentes usadas: Nibums Roman Regular y Oswald. Recursos gráficos: Pixabay con licencias libres.

ISBN:9798558136357

"¡El progreso! —repitió, y el acento de angustia y turbación se transformó en un tono confiado—. ¡El progreso! Ustedes los políticos no se cansan de hablar de él. Como si fuera a durar… indefinidamente. Más autos, más niños, más provisiones, más anuncios, más dinero, más de todo, para siempre. Debería tomar usted unas cuantas lecciones de mi especialidad: biología física. ¡El progreso, verdaderamente!… ¿Qué piensan hacer ustedes, por ejemplo, con el fósforo?".

Aldous Huxley, Contrapunto 1928.

INTRODUCCIÓN

Pues ya tocaba sacar otro recopilatorio de lo que escribo, además esta vez con el apoyo de la comunidad que ha participado en el "book funding" comprando libros para que pudiese publicar esta cuarta entrega. El libro sigue conteniendo artículos escritos en los últimos meses de 2020, en plena segunda ola y mientras van quebrando y cerrando empresas del sector petrolífero y la nube va adelgazando. Veo como Google, Samsung y otras empresas empiezan a cerrar sus planes ilimitados de datos para sus clientes y a ajustar sus tarifas y planes para la realidad física que se les viene encima. Como llevo diciendo que internet y nuestra civilización no pueden crecer indefinidamente, tarde o temprano llega a un máximo, nada crece indefinidamente y menos sin energía. También es verdad que algunos esperan que ahora que hay una vacuna para el virus todo vuelva a la normalidad, o a la nueva normalidad, suerte con eso a los creyentes del capitalismo. Este libro tal vez sea el último o el penúltimo de esta saga, tengo pensado cerrarla con Relatos Colapsistas 5, Esperanza, pero todo dependerá de la realidad que me toque vivir en esta extraña época. En este libro continúan las sagas sobre El fin de la informática, los primeros capítulos de mi nueva saga Chip Wars, más Veganos Capitalistas y alguna historia de ciencia ficción que como acaban cumpliéndose ha provocado ya desasosiego entre mis lectores. Este volumen incluye muchísimo más contenido y menos dibujitos, hasta sumar más de 230 páginas de texto, mucho texto, lo siento. Sea como sea espero disfrute de esta extraña obra, tal vez un poco más oscura, tal vez más seria que las anteriores y que hoy pongo a su disposición. Felix.

Dedico este libro a Susan,
por compartir su existencia conmigo.

ÍNDICE

AGRADECIMIENTOS

Quiero agradecer a todos los que habéis comprado mis libros y a los que ayudáis a mejorar los relatos con vuestras opiniones, en especial a los book funders que han apoyado este libro para que se publicará y que pongo a continuación.

1. Raparija - RELATOS COLAPSISTAS 4 XL

2. Senda Silvestre - RELATOS COLAPSISTAS 5 BW

3. J. Sales - RELATOS COLAPSISTAS 4 BW

4. S. Ruiz - RELATOS COLAPSITAS 4 XL

5. A. Artacho - RELATOS COLAPSISTAS 2 XL

6. A. Artacho - RELATOS COLAPSISTAS 3 XL

7. Anonimo - PEAK MEMORY PEAK COMPUTING KD

8. Anónimo - RELATOS COLAPSISTAS 1 XL

9. Sunsilk - RELATOS COLAPITAS 1 BW

10. Anónimo - RELATOS COLAPSISTAS 1 BW

11. Anónimo - RELATOS COLAPSISTAS 1 KD

12. Anónimo - RELATOS COLAPSISTAS 2 KD

13. Anónimo - RELATOS COLAPSISTAS 3 KD

14. Anónimo - RELATOS COLAPSISTAS 1 KD

15. Chicharachero - PEAK MEMORY XL

16. Anónimo - RELATOS COLAPSISTAS 2 KD

17. Anónimo - RELATOS COLAPSISTAS 1 KD

18. Anónimo - RELATOS COLAPSISTAS 1 KD

Muchas gracias por todo.
Paz y libertad.
Félix Moreno.

" Don Quijote soy, y mi profesión la de andante caballería. Son mis leyes, el deshacer entuertos, prodigar el bien y evitar el mal. Huyo de la vida regalada, de la ambición y la hipocresía, y busco para mi propia gloria la senda más angosta y difícil. ¿Es eso, de tonto y mentecato?"

Un señor de la mancha.

1. MANIFIESTO COLAPSISTA 1.2

Un animal ha desaparecido hoy, el último de su especie. Era un mamífero que solo existía en ese valle que ha sido convertido en un cultivo de soja. Alguien dijo que la culpa fue del co2 y no de las excavadoras.

La energía se acaba, pero nadie parece verlo. Otro activista fue encarcelado hoy, solo quieren generar caos, dicen. Los políticos tienen planes, dinero e inversiones para los próximos años, no hay nada de qué preocuparse dicen, y sin embargo las cuentas no me salen.

"Maldito muchacho" dijo alguien en una manifestación, "no tienes nada mejor que hacer".

Soy más consciente de lo que viene que la mayoría de la gente, pero no me siento especial, no sirve de nada saberlo más allá de verlo venir, si no tengo razón la gente me llamará conspiranoico catastrofista y si la tengo nadie estará ahí para darme las gracias por avisar.

No quiero que internet deje de funcionar, me gustan los ordenadores y tener móvil, he estudiado para entender estas máquinas pero da igual… no es decision mia, esto no es una lucha contra algo, es solo analizar los inputs para predecir outputs, la tecnología se acaba mientras depreda el planeta.

Ni el green new deal, ni el hidrógeno, ni los partidos ecologistas, tienen la solución más allá de un burdo intento de perpetuar y legitimar el sistema, mientras el dinero tiene otros planes para seguir triturando la vida y generar riqueza hasta el último día.

La mayoría de la vida compleja va a desaparecer en los próximos años, ecosistemas enteros forjados por el día y la noche, por el invierno y la primavera durante millones de años mañana no estarán ahí. Los elefantes, las tortugas, los leones y los orangutanes que salían en los libros de cuando éramos niños volverán ahí para ser recordados una última vez.

La barrera de coral de Australia se muere, los océanos dejarán de producir oxígeno suficiente pronto, y eso es malo, muy malo, pero nosotros queremos minar los mares para seguir haciendo chips y coches.

Nos preocupa que Manhattan o los Países Bajos se inunden, pero no que no tengamos oxígeno, o agua para beber.

Las temperaturas van a subir no un grado ni dos, 3, 4 o a saber, porque no lo sabemos. No sabemos hasta donde hemos llegado, los datos dicen que la vida lo tendrá difícil en los próximos 50-100 años, pero lo importante es que la economía crezca un 2%.

No sirve de nada hacer un agujero en el suelo con víveres y una escopeta, solo alargarías tu sufrimiento, cuando salgas de tu agujero no habrá nada que comer ni que cazar.

El decrecimiento será obligatorio, irremediable. Tendremos 1 de cada 10 cosas y no porque alguien lo mande o porque voluntariamente decidas tener menos, será dictado por las leyes de la termodinámica, la tasa de retorno energético. No sirve con decrecer y tener menos coches, compartidos y eléctricos, o menos paquetes de compras online, o menos internet, significa que no tendremos muchas cosas que consideramos imprescindibles, así de sencillo.

Hay pocas posibilidades de evitarlo, porque significa no tener, no viajar, no consumir, no construir, no hacer guerras, que todos los países trabajen de forma conjunta, comer carne solo una vez a la semana o al mes, y frutas y verduras de temporada que no vengan de los confines del planeta, no fabricar más que lo necesario para vivir y tener una vida digna, pero eso no es lo que quieren, los hay que quieren que cada vez tengamos más cosas y los más "comprometidos" a que tengamos unas pocas menos, pero no se plantean no tener.

Soy Casandra del siglo 21. Mi crimen es preguntarme de dónde vienen las cosas, cómo se fabrican, los materiales y la energía necesarios, las minas y sus desechos, los rios y el agua necesaria.

El co2 no es el problema, es el efecto de la causa que genera el problema.

No deseo que el mundo colapse, ni voy a hacer nada para que esto pase, simplemente soy consciente de que va a pasar… de que está pasando, y me gustaría que este colapso fuese lo menos doloroso posible… soy colapsista, entra en mi mundo.

PS: Inspirado por el manifiesto hacker de 1986.

Este relato está disponible en video relato narrado por Felix Moreno.[1]

---

[1] https://www.youtube.com/watch?v=PjyE-zv_SiY

2. EL PROBLEMA DEL FRÍO Y EL CALOR v.1.1

Si me has seguido en otras cosas que escribo ya debes estar informado sobre lo que se nos viene encima, sobre que la energía se acaba, las temperaturas suben, los seres vivos van de cabeza a la extinción y todas esas cosas bonicas que nos van a pasar por no poner freno al capitalismo ni a los sistemas que basan su existencia en triturar la vida para convertirla en algo tan estúpido como riqueza.... como si eso pudiese existir sin el planeta y sin la vida…

En fin el tema es que todo esto lo dicen los apocalípticos, e incluso ya la tele, pero la gente ni fu ni fa… y a los que manejan el cotarro pues más de lo mismo. Sin embargo, cuando yo me he enfrascado en la aventura de divulgar lo que viene y explico que la tecnología se va al garete en mis libros de Relatos Colapsistas[2] y Peak Memory[3], y cuándo concreto sobre internet, ordenadores y móviles… la gente que ni fu ni fa pilla unas turras conmigo de órdago: que si no tengo ni idea, que como se van a acabar los móviles e internet, que porque digo eso si yo tengo móvil y todas esas tonterías a las que les dediqué mi artículo Yonkis Tecnológicos[4].

Pero hay más, muchos dicen: bueno… pues en el fondo reduciendo las emisiones de co2, sin aviones, sin coches, sin fábricas, sin industria con un paro del copón, y volviendo todos al campo, problema resuelto. Obviamente esto no lo desea nadie, pero serán cosas irremediables salvo milagro energético y si llegase, probablemente tendríamos que afrontar los otros problemas, el calentamiento global que tiene pinta de no parar aunque dejemos de emitir CO_2 y metano y la extinción de la vida para que tengamos cosas.

Pero hay más… por mucho que paremos todo hay una cosa que se lleva el 30% de la energía primaria en España y un 60% de la electricidad, que además supone la tercera fuente de emisiones de co2 y que además será mucho peor en los países del norte. ¿De qué hablo? Del frío y la calefacción. Como ya empecé a analizar en un artículo en mi segundo libro Relatos Colapsistas 2 donde criticaba los absurdos objetivos de reducir las emisiones de co2 a 0 en 5-10 o 20 años Pasar a 0 emisiones de co2 neto en 5 años o… un poco más (II) "Cómo"[5], olvidamos el problema de no morirse de frío en invierno y de calor en verano. Y es que con este siglo de petróleo, carbón y gas abundante la humanidad ha crecido en número y ha bajado los estándares de construcción, sustituyendo eficacia y aislamiento por energía a chorrón. Cuando la energía empiece a escasear en España y sobre todo en Europa y otros países occidentales vamos a tener serios problemas para controlar el frío (y el calor) en nuestras viviendas, esto generará muchos problemas de salud y muertes en quien no pueda pagar los costes de calefacción y climatización. De hecho esto no es algo que nos pille de sorpresa, ya hay

2 https://www.felixmoreno.com/relatos-colapsistas-1-felix-moreno/

3 https://www.felixmoreno.com/es/PEAK_MEMORY_2.html

4 https://www.felixmoreno.com/es/index/116_0_yonkis_tecnolgicos.html

5 https://www.felixmoreno.com/es/noticias/45_80_pasar_a_0_emisiones_de_co2_neto_en_5_an os_o_un_poco_ms_ii_cmo.html

serios problemas en una parte de la sociedad europea y española para mantener la vivienda en un estado digno de climatización y en un futuro serán cuestiones de estado. Mientras tanto si vives en una casa mal aislada busca algo mejor, e invierte en reducir su dependencia de combustibles fósiles y electricidad aislandola bien y acostumbrándote a vivir con más mantas y ropa los inviernos, y en casa que sean frescas en verano... o ese es mi consejo porque si las previsiones son ciertas veranos calurosos e inviernos muy fríos nos acechan. Las casas viejas con paredes gruesas y con tecnología actual de cerramientos y aislamiento pueden dar muy buenos resultados, aunque con la tecnología actual se puede aspirar aún a tener un buen hogar, lo que estoy seguro que no serán sitios confortables son pisos y casas construidos en los años 40-50-60-70-80 -90 del siglo XX y principios del 2000 que daban por supuesto que tendrías calefacción a gas, gasoil, butano o un brasero eléctrico. Las cuevas siempre han sido un buen sitio donde refugiarse del frío y calor en España y son un clásico de vivienda en el sur. Mientras haya tecnología suficiente hay muchísimas fibras sintéticas que dan muy buenos resultados para aislar térmicamente nuestro cuerpo en invierno sin la necesidad de tener que calentar toda la casa, y para el verano volveremos a las casas de paredes gruesas, pintadas de blanco y con ventanas pequeñas... porque esto de no tener mucha energía y que las estaciones nos castiguen es mas viejo que la historia aunque parece que lo hemos olvidado con tanto aire acondicionado y estufas de gas.

Un saludo y un suave colapso.

3. CUANDO EL RIO SUENA, HIDRÓGENO LLEVA

En la vida hay dos cosas que me han servido para entender el universo humano. Realmente sólo una porque la 2 es una consecuencia de la primera.

Sigue el rastro del dinero.

Entiende las motivaciones de los medios de comunicación.

Que más extenso y juntando ambos axiomas sería, lee "entre líneas" y sigue el rastro del dinero en la misma noticia en diversos medios, conoce a sus dueños y su línea editorial. Yo que he hecho muchas notas de prensa para prensa local y nacional sé que los medios no suelen dejar las noticias al azar. No suele ser gratis que hablen de lo que quieres, sino más bien las noticias suelen estar precocinadas y diseñadas, algo parecido a lo que en mi profesión de SEO se llamaría "Link Building", pues esto sería "Opinión pública building". Con esas dos reglas yo al menos he conseguido entender el mundo actual mucho mejor de lo que lo podría haber hecho leyendo libros sobre qué es el capitalismo, o con títulos universitarios del tipo ciencias políticas o económicas. Pues bien, desde o durante el coronavirus han pasado 2 cosas curiosas en prensa. Una fue, si no recuerdo mal, en abril/mayo cuando a España llegó una oleada de noticias sobre el hidrógeno verde. Por otro lado parece que la prensa seria internacional empieza a asimilar el pico del petróleo, es decir, empiezan a decir que igual hemos llegado a la máxima producción, algo impensable hace un año o dos.

Repasemos diarios.

Primero quiero hablar de la revista Forbes, que siempre ha sido una negacionista del pico del petróleo y ha escrito muchísimos artículos riéndose del tema. Es curioso porque las noticias negando el peak están también en claro peak y ya están ahí con el pico, aunque no es pico de petróleo sino pico de demanda. Quería ilustrar como ya parece que la cosa empieza a ser una realidad oficial, no tiene nada que ver con el resto del artículo que es sobre el hidrógeno, pero explica el resto del artículo….

2017 No Peak Oil For America Or The World
2018 What Ever Happened To Peak Oil?
2019 The Peak Oil Denier Takes A Victory Lap
2020-01 This Is What The End Of The Oil Age Looks Like
2020-03 Are We Nearing Peak Oil Supply? - Forbes
En 2020 ya parece que BP y Total tienen claro lo del Peak Oil.
2020-10 Peak Oil Demand! Again? - Forbes
2020-10 The Already Past Peak Oil? BP 2020 Mark The End Of Growth
2020-10 Another Oil Major Sees Peak Oil Demand On The Horizon (Total)

Una vez visto esto, parece que medios especializados en economía parece que empiezan a vislumbrar el pico, pasemos a las noticias sobre hidrógeno pues de repente una vez aceptado que el petróleo se acaba nos bombardearon en 2020 con un montón de noticias sobre la alternativa y eso que no era ni real aún, todo fué... como decirlo, muy deprisa. Había que preparar a la opinión pública para algo, para lo que nos iba a costar esta transición….

2020-07-05 El hidrógeno verde, una de las apuestas del Gobierno para liderar la reconstrucción.[6]

"Esta vez parece que su apuesta va en serio. En el 'Green Deal' europeo hay 30.000 millones destinados al hidrógeno verde." "El 95% del hidrógeno que se consume en el mundo se obtiene a partir del gas natural…Sin embargo, hay otra forma de conseguirlo con cero emisiones""

Esta noticia se reprodujo como champiñones esas semanas en todos los medios de cualquier ideología. Por otro lado, otra noticia me llamó la atención esos días…

2020-05-07 El hidrógeno se abre paso como combustible en los puertos. [7]

"Sanz también ha apuntado que en el caso de que se consiga generar un ecosistema de hidrógeno en los puertos, estos pueden ser capaces de trasladar todo ese ecosistema a las ciudades a las que pertenecen … la viabilidad económica de este elemento va a depender de que se pueda producir a grandes escalas y a bajo precio, por lo que va a ser importante tanto la existencia de grandes proyectos relativos al hidrógeno como la generalización de su uso"

Y esta otra…

2020-07-10 La estrategia de hidrógeno de la UE podría impulsar 120 GW renovables[8]

"El plan de hidrógeno prevén que el combustible se genere por electrólisis de energía renovable, en lugar de crearlo separando el carbono del gas natural" …"Solo en sus primeros cuatro años, la estrategia prevé el despliegue de alrededor de 6 GW de nueva capacidad para producir un

---

6https://www.niusdiario.es/economia/empresas/hidrogeno-verde-que-es-apuesta-gobierno-espana-futuro-reconstruccion-uso-descarbonizacion-industria-coches-transporte-energia-co2-emisiones_18_2973345077.html

7 https://diarioelcanal.com/el-hidrogeno-se-abre-paso-como-combustible-en-los-puertos/

8 https://www.pv-magazine.es/2020/07/10/la-estrategia-de-hidrogeno-de-la-ue-podria-impulsar-120-gw-renovables/

millón de toneladas de hidrógeno verde. "

Otra curiosa publicada "automáticamente en eldiario.es" es…. 2020-07-29 La economía de cero emisiones generará 15 millones de empleos para 2030 en América Latina, según un estudio.[9]

En la foto sale una mujer sonriente de Colombia que no tiene nada que ver con la noticia pero genera sensación de que es algo bueno, la noticia es terriblemente sospechosa e insulsa… por cierto en todas esta noticias hablan de generar empleo, es un clasicazo de la manipulación para que la gente diga, si genera empleo "tiene" que ser bueno….

"La transición hacia una economía de cero emisiones netas en carbono podría crear 15 millones de nuevos empleos en América Latina y el Caribe para 2030, según un informe realizado de manera conjunta por la Organización Internacional del Trabajo (OIT) y el Banco Interamericano de Desarrollo (BID). "…"El informe explica que el diálogo social entre el

9https://www.eldiario.es/economia/la-economia-de-cero-emisiones-generara-15-millones-de-empleos-para-2030-en-america-latina-segun-un-estudio_1_6136022.html

sector privado, los sindicatos y los gobiernos es esencial para diseñar estrategias a largo plazo para lograr cero emisiones netas de carbono, lo que crea empleos, ayuda a reducir la desigualdad y cumple con los Objetivos de Desarrollo Sostenible. "

Todo esto pasó como digo entre mayo y julio de 2020. Cuando lo vi publicado, y uno que sin ser experto ya más o menos sabe que el hidrógeno es un vector y no una fuente de energía, pensé "que tontos, que ganas de palmar dinero público en algo que usará al fin y al cabo combustibles fósiles para producir hidrógeno de alguna manera u otra, ya sea con paneles solares, viento etc...." La siguiente ronda de cosas curiosas referentes al hidrógeno este año 2020 fue la repentina intención de Alemania de usar hidrógeno para sus trenes, que posteriormente ha sido replicada por todos los fabricantes europeos incluyendo la española Talgo. Adelante noticias.

- España se apunta al tren de hidrógeno: Talgo presenta el primer prototipo con pila de combustible para Cercanías y Media Distancia[10]

- Trenes de hidrógeno para combatir la contaminación en Alemania[11]

- Siemens Energy y Siemens Mobility impulsarán sistemas de hidrógeno para trenes[12]

Llegado este momento, digo "espera… que está pasando", es decir, de repente un montón de empresas de trenes que no suelen andar con tonterías como hacer trenes eléctricos con baterías, como si ha pasado con los coches, de pronto están pensando en sustituir diesel por hidrógeno??? what 's happening? De nuevo me dije "algo está pasando que no me están contando", como comenté antes el hidrógeno no es una fuente de energía, ¿de donde van a sacar la energía para hacer hidrógeno? Si usan renovables modernas, como eólica o solar, dicen los expertos que se emiten el mismo co2, pero en vez de hacerlo en la central térmica lo hace en la fabricación,

10https://www.xataka.com/vehiculos/espana-se-apunta-al-tren-hidrogeno-talgo-presenta-primer-prototipo-pila-combustible-para-cercanias-media-distancia

11https://retina.elpais.com/retina/2020/06/01/innovacion/1591013957_799400.html

12https://www.elespanol.com/invertia/empresas/energia/20201005/siemens-energy-mobility-impulsaran-sistemas-hidrogeno-trenes/525948433_0.html

uso y desmantelamiento, algo que como dicen muchas veces Pedro Prieto o Antonio Turiel explica que no haya un boom real de renovables: porque los números no salen. Porque no serían tan tontos de usar renovables y luego con todas las pérdidas pasarlo a hidrógeno…¿o si?

De nuevo pensé "esto huele a dilapidar dinero público", de hecho ya se empezaba a ver y así ha sido que con todo esto del coronavirus iban a rociarlos con dinero público para invertir en renovables y que acabaría en manos de las empresas del Ibex 35…nada nuevo bajo el sol y que ya he criticado otras veces… pero había algo más, algo que se me escapaba y que podía unir muchos cabos sueltos que tenía… y que así he ido contando en mis artículos.

Por ejemplo, ya hablaba en La historia de la energía y los humanos. Pasado, presente y futuro. (II) de que realmente en el futuro sólo habrá sobre todo hidráulica de la de toda la vida: presas, molinos de viento, mareas y cosas así, pero nada de fantasiosos universos tecno renovables.

Y el cabo suelto es ¿de dónde van a sacar la energía para hacer el hidrógeno? No es realmente rentable usar las tecno renovables para producir hidrógeno pues las pérdidas son brutales, y además en occidente todos los ríos y saltos de agua están ya siendo explotados desde que se inventó la electricidad y que, como he dicho otras veces, fue el origen de nuestra electricidad hasta los años 50 que empezamos a usar centrales térmicas y nucleares… con lo que en principio no hay posibilidad de tener energía para esa fantasía hidrogenada….

Claro, antes de acabar mi exposición con todo lo que he dicho hasta ahora realmente el puzle sideral estaba ahí, solo faltaba una pieza, es decir: hay puertos interesados en tener almacenes de hidrógeno, hay trenes y barcos de hidrógeno ya en diseño y producción… en plan serio (o no, realmente luego lo explico) y por si fuera poco con la excusa del coronavirus van a rociarnos a todos los ricos de Europa con fábricas con dinero europeo destinado al desarrollo de la conversión a hidrógeno y su despliegue por tierra y mar. ¿tal vez incluyendo la actualización de los gasoductos para que transporten gas natural e hidrógeno? Y entonces llegó el plan europeo y español.

<u>2020-10-06 El Gobierno aprueba la hoja de ruta del hidrógeno para impulsar 8.900 millones en inversiones hasta 2030[13]</u>

Si lees lo que aprueba el gobierno es exactamente esto…porque si lees las noticias de los medios olvidan el sutil detalle que esconde el texto gubernamental...

<u>El Gobierno aprueba la "Hoja de Ruta del Hidrógeno: una apuesta por el hidrógeno renovable"[14]</u>

"En este ámbito, la Hoja de Ruta subraya su papel en el desarrollo de redes inteligentes y, especialmente, para almacenar energía renovable a gran escala y de manera estacional, aportando gestionabilidad al sistema." … "harán del hidrógeno uno de los principales activos para lograr que España sea una de las potencias europeas en generación renovable."… "Otro aspecto destacado por la Hoja de Ruta es el potencial del hidrógeno renovable para favorecer la descarbonización de los sistemas energéticos aislados, con especial atención a los territorios insulares."… "El documento plantea un conjunto de 60 medidas, agrupadas en cuatro ámbitos de actuación. En primer lugar, se recogen actuaciones de carácter regulatorio que incluyen, entre otras, la introducción de un sistema de garantías de origen que asegure que el hidrógeno se ha producido a partir de energía 100% renovable."… "Por otro lado, se potenciarán nuevos núcleos energéticos de producción de hidrógeno renovable que contribuyan a evitar la despoblación rural y a conseguir los objetivos de reto demográfico, con especial atención a las regiones de transición justa."

Tal vez el lector ya lo vea claro con todas las pistas que he dado, yo ahora también lo veo claro pero hasta que no vi las siguientes noticias no me hizo click la cabeza y dije…WTF….

CONGO

13https://www.eldiario.es/economia/gobierno-aprueba-hoja-ruta-hidrogeno-impulsar-8-900-millones-inversiones-2030_1_6270232.html

14https://www.miteco.gob.es/es/prensa/ultimas-noticias/el-gobierno-aprueba-la-hoja-de-ruta-del-hidr%C3%B3geno-una-apuesta-por-el-hidr%C3%B3geno-renovable/tcm:30-513814

"Todo comenzó el pasado 8 de septiembre cuando el comisionado del gobierno alemán para África, Günter Nooke, expresa en una entrevista con el Süddeustcher Zeitung el interés de su país en abastecerse de hidrógeno verde producido en África, concretamente de la planeada central hidroeléctrica Inga 3 de la República Democrática del Congo (RDC). Según informaba la escueta nota de prensa de la agencia dts, el gobierno de Angela Merkel juzga que Alemania necesitará en el futuro importar grandes cantidades de este combustible"[15] Publico.es

Y no sólo el Congo, la idea es aprovechar toda la fuerza hidroeléctrica de los países menos desarrollados para literalmente robarles la energía que aún no usan para llevarla en preciosos cargueros de gas, o "hidrogeleros" a los países occidentales.

ARGENTINA

En la patagonia de Chile también pretenden convertir la energía de molinos de viento en hidrógeno, yo me pregunto…¿seguro que con molinos? ¿o con turbinas y usando saltos de agua? Que aunque fuese molinos de viento la idea es exportar el hidrógeno, es decir expoliar los países tercermundistas.

Enel y la chilena AME impulsan un proyecto de hidrógeno verde en la Patagonia[16]

COLOMBIA

"Las reservas de hidrógeno verde están directamente relacionadas con las reservas potenciales de energía renovables como eólica y solar, así como la disponibilidad del agua. Colombia "cuenta con enormes ventajas" para convertirse en un líder regional de la economía del hidrógeno verde, pues cuenta con una irradiación solar muy buena de 6 KW/m2/día en La Guajira (el promedio global es 3,9) y vientos que soplan con una velocidad casi al

---

15https://www.publico.es/internacional/explotacion-africa-alemania-congo-nuevo-imperialismo-energetico-europeo.html

16https://gestion.pe/economia/empresas/enel-y-la-chilena-ame-impulsan-un-proyecto-de-hidrogeno-verde-en-la-patagonia-noticia/

doble del promedio global, además de agua abundante."[17]

La clave del hidrógeno es que puedes transportarlo en contenedores, es decir que no tienes que cablear desde origen a destino, puedes expoliar cualquier país y en unos días tener esa energía en tu puerto más cercano para usar en tu país primermundista, o ese pienso yo que es el objetivo. Hay otras opciones como transportarlo por tren o por gasoductos, veremos al final cual es la clave. Yo, aun sabiendo que no hay todavía barcos que puedan transportar el hidrógeno, creo que querrán usar barcos para poder cruzar continentes con la energía acumulada, pero como digo por ejemplo en el Congo podrían usar los actuales gasoductos o como sugiere Antonio Turiel líneas de tren[18]. El tema es que ahora podrás expoliar, aunque sea con muchas pérdidas, la energía de un país subdesarrollado y transportarla a uno desarrollado en forma de hidrógeno. Esta energía que podría ser usada para desarrollar el país de origen mejor nos la llevamos y les hacemos creer a estos países que son sostenibles y ayudan a un mundo mejor de emisiones 0 en co2 dejando que nos llevemos su capacidad de producir electricidad en forma de hidrógeno. Básicamente está jugándose una vez más lo que está pasando siempre y que resumí en mi primer libro Relatos Colapsistas 1, El juego del capitalismo[19].

Más claves en Colombia es como aparece SIEMENS preparando la opinión pública colombiana para lo que les está por venir… es curioso ver un alemán hablando en pseudo español en ese vídeo… jiji…

https://youtu.be/zG1NlHG5pQo?t=4655

17https://www.dinero.com/empresas/articulo/que-es-el-hidrogeno-verde-y-como-se-produce/301036

18https://crashoil.blogspot.com/2020/10/asalto-al-tren-del-hidrogeno.html

19https://www.felixmoreno.com/es/index/32_0_el_juego_del_capitalismo.html

Colombia tiene potencial para producir hidrógeno verde

Si os fijáis en esa presentación que hace Siemens junto con un gráfico donde ponen desde mi punto de vista molinos de viento y paneles solares y dice la noticia….

"Frente al tema Guilherme De Mendonca, managing director Siemens Energy Colombia, dijo que es necesario revisar lo que puede significar para la economía nacional la producción de hidrógeno verde, porque Colombia no solo es rica en recursos renovables, sino que cuenta con una excelente ubicación para exportar diversos productos."

Existen varias opciones para todo esto: que realmente quieran usar renovables en esos países con los costes que tienen, y lo poco rentables que son realmente, que produzcan electricidad, la convirtamos en hidrógeno y nos la llevemos, o que pasemos de estas renovables y como en el Congo directamente nos llevemos la energía que producen los saltos de agua, que desde mi punto de vista es el objetivo real, pues es lo que es realmente rentable. Para hacernos una idea de lo "verde" que está todo este tema, el primer barco capaz de transportar "hidrógeno verde" se ha hecho en diciembre de 2019, de mano de la empresa japonesa Kawasaki. Es decir que todo esto de transportar hidrógeno de aquí para allá todavía no tiene ni los barcos necesarios, ni trenes, ni gasoductos. Están ahora mismo primero viendo que países podrán controlar y apenas se ha empezado a hacer el primer barco de la posible flota hidrogenera mundial.[20] Kawasaki World's First Liquefied Hydrogen Carrier SUISO FRONTIER Launches Building an International Hydrogen Energy Supply Chain Aimed at Carbon-free Society

Foto Kawasaki Heavy Industries

El Suiso Frontier puede cargar mas de 1,250 metros cúbicos de hidrógeno líquido superenfriado y comprimido. Porque para que sea rentable su transporte debe ocupar poco espacio y para eso debe ser enfriado y luego comprimido pues si se comprime directamente estaría muy caliente en los depósitos. Explicaba antes que por ahora sólo hay un prototipo de barco que pueda llevar el hidrógeno a presión y de forma segura. Lo hizo la empresa japonesa Kawasaki.[21] Que por cierto al final ha quedado menos fashion que el prototipo de 2014.

20http://global.kawasaki.com/en/corp/newsroom/news/detail/?f=20191211_3487

21http://global.kawasaki.com/en/corp/newsroom/news/detail/?f=20191211_3487

El proyecto empezó en 2014 con esos bonitos prototipos y ha culminado en diciembre de 2019. Yo no sé si habrá otros buques de transporte de hidrógeno en el mercado, no he encontrado la verdad, sólo he visto prototipos de barcos para ricos, y prototipos como este de Toyota que usa la energía solar para producir hidrógeno…[22]

22https://www.toyota.es/world-of-toyota/articles-news-events/2018/primer-buque-hidrogeno-mundo-patrocinado-toyota

O este prototipo noruego que ni está construido aún.

El caso es que el tema de barcos que funcionen con hidrógeno está muy verde, muy poco maduro, y más aún el del transporte de hidrógeno como se pretende según comenté antes. Para poder hacer lo que quieren algunos con el hidrógeno e ir moviéndolo de aquí para allá necesitará de barcos, muchos barcos, que para construirlos o bien se construyen rápido con petróleo y carbón o pronto no habrá ni energía para construirlos. Muy importante es saber que los actuales buques que transportan gas no sirven para transportar hidrógeno. Sólo para hacernos una idea tampoco hay tantos barcos en el mundo, la flota mundial de marina mercante en 2008 era de 33126 buques en 2018 eran 58328. Como curiosidad los países con más marina mercante son Panamá e Indonesia.[23] [24] **Así a lo loco para proveer no ya de la generación del hidrógeno, sino una cantidad que pudiese ser interesante por el mundo harían falta unos 10.000 a 20.000 nuevos barcos con capacidad para transportar hidrógeno, sólo hay 1.** Por otro lado, si realmente esto va en serio y queremos transportar todo este hidrógeno ¿donde se haría? Pues los mayores astilleros del mundo están en Corea del Sur, casualmente es Corea del Sur quien más interés tiene en los coches de hidrógeno y más está apostando por ellos. ¿casualidad? Tal vez, Corea del Sur es una potencia en todo. No obstante en el ranking mundial de fabricación de barcos el número uno lo tiene China, seguido de Corea del Sur y de Japón, y el cuarto muy, muy lejos Filipinas. ¿Sabías que eran estos tres países el top 3? Por eso no me extraña que el primer prototipo para transportar hidrógeno salga de Japón, serán estas 3 potencias las que se pondrán manos a la obra a construir barcos como locos en cuanto llegue el dinero y el hidrógeno, si es que llega. Por cierto muy curioso el gráfico de la misma web de Kawasaki donde nos explican de dónde van a sacar el hidrógeno... lo traen de Australia, y la fuente es Carbón Marron, Brown Coal, nada de presas ni renovables, pues no olvidemos que la mayor parte del hidrógeno actual, como el 90%, tiene como origen gas natural, petróleo y carbón.

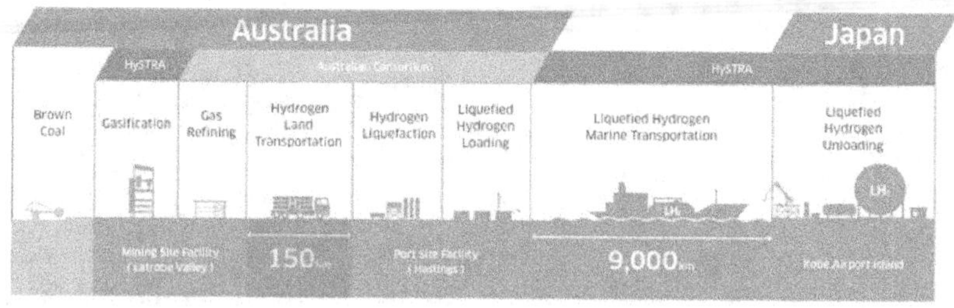

Básicamente cogen el carbón, lo convierten en gases, refinan los gases y se quedan con el hidrógeno, con camiones lo llevan a la costa donde

23https://viajarfull.com/cuantos-barcos-hay-en-el-mundo/

24https://www.anave.es/images/tribuna_profesional/2018/tribuna_bia0518.pdf

es almacenado en depósitos, luego el prototipo japonés lleva el hidrógeno a cagar de lejos, y allí en el puerto una instalación especial para tener hidrógeno almacena el gas…. instalaciones que aún no existen,el porcentaje de energía perdida y la TRE deben ser de risa.

Todo esto imagino que será lo que la Unión Europea quiere regar de dinero para que pase, ya sea con barcos, trenes o gasoductos, y es curioso lo de Australia y su Hidrógeno hiper contaminante y con pérdidas a chorrón en todos los pasos hasta llegar a destino, Japón.

En fin, como dije al principio del artículo, seguir la pista del dinero y leer entre líneas, por cierto… en el blog de Antonio Turiel hay unos artículos muy interesantes sobre todo esto que recomiendo leer también como el de La fiebre del hidrógeno 2.0[25] y Asalto al tren del hidrógeno[26]. Recordad también mi artículo NI coches NI cochas eléctricos - hidrógeno (I) Gasolineras vs electrolineras y hidrogeneras[27] publicado en Relatos Colapsistas 2, donde hablo de la expansión del hidrógeno y sus hidrogeneras.

[25]https://crashoil.blogspot.com/2020/11/la-fiebre-del-hidrogeno-20-i.html

[26]https://crashoil.blogspot.com/2020/10/asalto-al-tren-del-hidrogeno.html

[27]https://www.felixmoreno.com/es/index/
57_40_ni_coches_ni_cochas_elctricoshidrgeno_i_gasolineras_vs_electrolineras_y_hidrogeneras
.html

4. INTERNET, REDES EN COLAPSO Y CENSURA GUBERNAMENTAL.

Una de las preguntas que me hacen mucho, o que debatimos en nuestro canal de Relatos Colapsistas es que pasará con internet, la red de redes. Cada uno tiene su opinión, yo como llevo ya tanto tiempo escribiendo sobre estos temas he señalado muchos problemas para el futuro de la red por ejemplo en EL FIN DE LA MEMORIA (III): INTERNET, PEAK NET o en mi primeros cuatro artículos :

- <u>EL FIN DE LA MEMORIA 1 PEAK COMPUTING</u>
- <u>EL FIN DE LA MEMORIA 2 PEAK MEMORY</u>
- <u>EL FIN DE LA MEMORIA 3 PEAK INTERNET</u>
- <u>EL FIN DE LA MEMORIA 4 EL FUTURO</u>

Realmente la respuesta o mi respuesta está ahí entre mucho texto y tantas cosas que digo pero vamos a diseccionar el tema y analizar las posibilidades de internet, un internet en colapso y otras opciones de comunicación. En este artículo hablaré además de las posibilidades de escapar a la censura gubernamental, en un estado donde por ahora internet no esté en peligro, pero si los intereses de los gobernantes y como llevan ya años actuando y cada vez más contra su propia población.

Lo primero hay que entender de qué futuro queremos hablar, de un futuro donde nos podamos comunicar con ordenadores con personas de todo el mundo, o sólo con la voz, y también la otra opción, lo mismo pero a corta distancia. Para continuar hay que establecer las diferentes situaciones en las que nos podemos encontrar, colapso total, colapso lento, colapso y aislamiento, decrecimiento… es decir para cada una de estas opciones hay un futuro distinto de internet.

Si hay un aislamiento total, o bastante pronunciado entre naciones, la mayoría de naciones no tendría la tecnología ni los recursos para fabricar y mantener sus propias infraestructuras, y menos aún la tecnología para fabricar ordenadores, pues necesitamos cientos de países que nos provean de recursos y que fabriquen nuestra tecnología y es difícilmente sustituible eso por una minería e industria local, a dia de hoy, además de la mas que posible escasez. Entonces si olvidamos - obviamos "mágicamente" el origen y límites de la materia que hay repartida por todo el mundo, y olvidamos que a día de hoy literal, casi nadie puede fabricar tecnología en el mundo y no hacemos caso a estos dos detalles podemos empezar a analizar tipos de tecnología en decrecimiento.

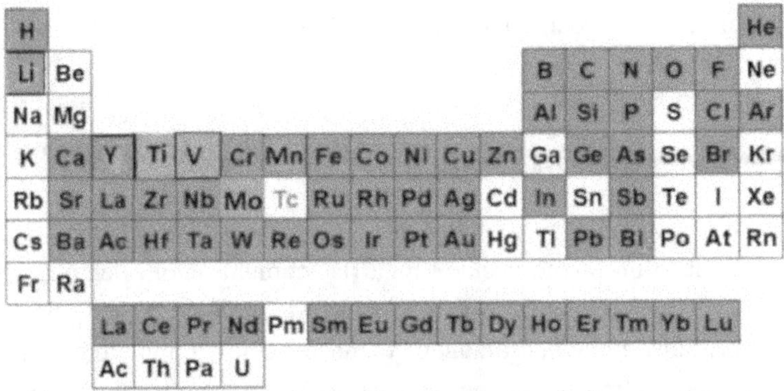

Elements used in the production of components for computers

INTERNET, la red incensurable censurada.

Internet son miles de millones de ordenadores con sus procesadores enchufados entre ellos por todo tipo de cables y conexiones inalámbricas. Cada pieza de este puzzle tiene al menos un procesador y memoria. Con lo que si no podemos fabricar procesadores y memoria internet se desmorona. No es algo que se pueda simplificar si el mismo número de ordenadores debe seguir conectado, si empezamos a reducir en un 99% el número de ordenadores, y reducimos la velocidad otro 99%, podría haber un internet más o menos global, con muy pocas líneas activas y conectando países afines a velocidades ridículas comparadas con las de hoy, pero si estamos en guerra el primer objetivo serán las líneas intercontinentales y entre países, pues están muy bien localizadas y todo el mundo sabe dónde están, dejar a un país sin internet es la mejor herramienta para empezar una guerra. A día de hoy internet es posible gracias a una más que pacífica situación entre los países desarrollados. Por otro lado, a dia de hoy son los propios estados los que saben el potencial de limitar las comunicaciones de sus ciudadanos, y aquí sí y es curioso que se use contra la propia población, se puede "decrecer" las red a voluntad mucho antes del colapso y creo que este sería más el tema principal de este artículo una vez explicado lo poco probable que sería tener internet en colapso generalizado.

INTERNET GUBERNAMENTAL, CENSURA Y POSIBILIDADES.

Como decía si un estado decide limitar las comunicaciones entonces sí que podemos discutir opciones, y podría incluso servir como formas de pensar en una red resiliente al colapso aunque como he dicho en mis libros esto es un sueño tecno optimistas porque no se tiene en cuenta el origen de las piezas.Piscina de lodo y manchita en la nariz.[28]

Esta muy muy de moda tener internet listas para apagarla en caso de necesidad del gobernante de turno, el tema es que internet no se diseñó para ser censurada, todo lo contrario su objetivo era aguantar ataques nucleares etc, pero la realidad es que aunque no se diseñó así, desde hace tiempo que los estados van haciendo pruebas de control de sus propias redes y tienen más o menos claro que botones hay que pulsar para dejar zonas del país sin redes de telecomunicaciones. En países como China, Rusia se vigila muy mucho que ven y no ven sus ciudadanos, en Irán y en Egipto se han cortado a veces las comunicaciones en zonas de protesta. También en Colombia se reportaron caídas de redes en sus revueltas. Pero no nos equivoquemos esto no es algo de los países no alineados, obviamente no lo dicen pero en Europa, en EEUU llevan tiempo probando las mismas técnicas.

El asunto aquí es que no es tan fácil cerrar internet, no por la dificultad en sí, sino por los problemas que pueden generar a la economía, empresas privadas

---

28 https://www.felixmoreno.com/es/index/115_0_piscina_de_mierda_y_manchita_en_la_nariz.html

y ricos al cerrar internet, es decir que cerrarse se puede, pues al final todo el tráfico pasa por el mismo sitio, 4-5 puntos calientes de interconexión entre redes de diferentes operadoras, pero es muy arriesgado apagar ahí por los daños colaterales. Entonces lo que se estudia es la posibilidad de cerrar torres de radio, para dejar sin cobertura e internet a ciertas zonas, pero esto no evita que en las casas tengan conexión, o cerrar barrios concretos apagando o bloqueando ciertos nodos de la red además de como digo torres de telefonía, todo esto si que se está empezando a usar y en el futuro creo que se hará más, dejando a zonas de pobres, o de revueltas completamente aisladas del mundo para que no puedan comunicarse.

ALTERNATIVAS DE LOS CIUDADANOS

En caso de guerra o por intereses del gobierno internet puede apagarse, ¿qué alternativas tenemos los ciudadanos?.

CENSURA DE SERVIDORES Y WEBS CONCRETAS:

CENSURA: Esta censura es muy habitual en occidente y se usa para favorecer el interés sobre todo de los super ricos de gestión de derechos de propiedad intelectual. En muy pocos casos se ha usado para que los ciudadanos no puedan acceder a webs concretas, aunque la tecnología lo tienen, lo que llaman los grandes firewalls, como el que tiene China que si bloquea webs contrarias al gobierno y empresas occidentales.

CONTRA CIUDADANA: Mientras haya internet, los distintos tipos de censura a la red no son 100% eficaces, y siempre puedes esquivar la censura con una red F2F como retroshare.cc, o Zeronet.io donde la informacion está repartida por varios nodos y no son webs donde un gobierno pueda llamar y decir que apaguen o incluso decir a las operadoras que ciertas ips no sean accesibles. Otra opción es el uso de VPNs, proxys, o la red tor que a día de hoy por ahora todavía funciona en países como Irán, China o España para poder acceder a las webs que no les interesa a los gobiernos. **Pero recordar que**

esto solo sirve si internet no se censura, si apagan la red todo esto no sirve de nada. Un inhibidor de señal en una manifestación, un corte de un cable o pulsar un boton y te quedas sin red de redes.

CENSURA DE PAÍSES ENTEROS:

CENSURA: En las revueltas de Egipto se apagó internet entero durante días, en este caso la ciudadanía queda totalmente aislada.

CONTRA CIUDADANA: En este caso y de forma muy interesante se volvió a usar la red de telefonía de cobre que no había sido cerrada como canal de transmisión de datos, se desempolvaron viejos modems para poder ir conectando casas, o ciudades con otras partes del mundo. También se utilizaron conexiones por satélite de empresas no egipcias para transmitir información. Se utilizaron faxes también usando las líneas telefónicas de cobre. Por cierto las líneas telefónicas ip, es decir las digitales dejaron de funcionar también.

CENSURA DE ZONAS:

CENSURA: Podemos pensar en que durante el decrecimiento o colapso la gente se manifieste o desee hacer las cosas de otra manera y los gobiernos respondan apagando internet en ciertas zonas. En manifestaciones se está dando el caso que la red GSM deja de funcionar y que incluso se utilizan inhibidores de señales, equipos relativamente baratos de utilizar, el problema es que también interfieren en sus comunicaciones.

CONTRA CIUDADANA: Mientras haya electricidad y equipos obsoletos se pueden hacer redes comunitarias, enlazando azoteas, y con antenas direccionales wifi ir creando una red paralela ciudadana. Este tipo de iniciativas tienen ya su tiempo por ejemplo la red guifi.net lleva años extendiéndose creando una red paralela ciudadana por todo el mundo sobre todo España, el problema de ser tan grande y conocida es que es fácilmente censurable por gobiernos pero al menos existe de forma paralela a las grandes redes y lo tendrán más difícil. En países como Cuba donde internet es limitado existen también este tipo de redes paralelas donde se intercambian contenidos de todo tipo al margen de cualquier gobierno.

Hay todo un mundo de APPS que prometen crear redes con tu móvil y el bluetooth o el wifi para resistir este tipo de censura en manifestaciones pero la verdad es que son poco más que juguetes pues con inhibidores poco pueden hacer, y además su distancia es limitada. Cuando uno se queda sin cobertura en una zona lo mejor es grabar e intentar salvar el material grabado, pero este tipo de apps no creo que tengan mucha utilidad real.

ALTERNATIVAS PARA EL FUTURO:

LO DIGITAL:

El futuro podría ser muy complicado si caen los nodos centrales que unen las redes en los países o los cables submarinos que unen países, no obstante como he señalado en el artículo anterior hay opciones para intentar mantener comunicaciones digitales.

Redes ciudadanas. Una son las redes ciudadanas, lo malo es que en el fondo son localizables, y no tardarían mucho en caso de que se quisiera dar con ellas, pero si no se las persigue puede ser una buena opción para comunicar barrios y pueblos con otros pueblos. Para mas info de la mayor conocida http://guifi.net/

La red telefónica de cobre. Otras son usar las redes de cobre de telefonía para comunicar nodos lejanos mediante PPP (o point to point protocol), el problema es que las redes de cobre se están desmantelando por obsoletas dejando a cambio complejas redes digitales y líneas virtuales que dependen de internet, a la vez que se apagan y cierran todos esos edificios que había en los pueblos de telefónica donde estaban los conmutadores de líneas etc. Es una lástima porque a su manera eran redes bastantes resilientes, pues la alimentación de las líneas de cobre no depende de la red eléctrica en las casas, sino que era cosa de la propia centralita, con lo que se podía tener línea de teléfono aunque la red eléctrica estuviese caída y por lo tanto se podían enviar datos también en forma de sonidos.

Reutilizar redes privadas. Otra opción sería intentar controlar las redes privadas de fibra actuales, si de alguna manera dejasen de ser atendidas o de funcionar, o bloqueadas, se podrían organizar para dar servicio a los pueblos y conectarlos entre ellos en contra de la voluntad de las operadoras, esta vía que yo sepa no se ha explorado mucho, pero está ahi, lo malo es que como están diseñadas para no ser controladas por ciudadanos, es mucho más complejo que las redes ciudadanas, pero por otro lado si se pudieran controlar se utilizarían sus redes de largo alcance, lo malo también es que usan tecnología muy compleja y cara y escasa a diferencia de las redes ciudadanas que usan chatarra tecnológica, pero todo es ponerse.
utilizar redes privadas.

Radio paquetes. Si nos quedáramos sin red de cobre, sin red de fibra, y sin red móvil GSM pero aún así queremos comunicarnos de forma digital, podríamos volver a la comunicación inalámbrica usando radiofrecuencia, como los radio aficionados pero con datos. Existen protocolos de transmisión ya obsoletos que permiten transmitir a unos cuantos miles de audios a distancias interesantes usando protocolos de acceso al medio multiplexados en el tiempo muy sencillos que podrían restablecer comunicaciones digitales.

Las redes de emergencia. Actualmente existen en muchos países una red digital de emergencia paralela y muy limitada que se usa justamente para cuando cae la red GSM y los servicios de emergencias necesitan comunicarse mediante una especie de walkie talkies, policía, bomberos y servicios médicos tienen acceso a esta red que en caso de caos total también podría usarse, de hecho ese es su objetivo aunque ahora mismo es ilegal usarla por civiles.

LO ANALOGICO:

En caso de decrecimiento o colapso de las redes digitales, la complejidad disminuye sobre manera si nos pasamos a lo analógico.

RADIOAFICIONADOS. Todos los equipos de radioaficionados pueden ser y han sido en muchas catástrofes imprescindibles para mantener la comunicación entre diferentes zonas. Muchas veces en la historia han sido ellos los que han servido de enlace cuando todo lo demás ha caído, este tipo de afición puede ser en el futuro la herramienta para seguir conectados, además su electrónica es sencilla. Leyendo sobre el tema es curioso lo controlados que tienen los estados a estos, sobre todo en España, donde para obtener tu licencia de radioaficionado tienes que hacer un examen, te tienen que fichar etc, ¿que miedo puede tener un país a los radio aficionados para tenerlos bien atados en corto? Jiji, no creo que sea casualidad.

ESTACIONES DE RADIO ANALÓGICAS: Las estaciones de radio que todavía sean analógicas necesitan tecnología muy sencilla para emitir y mucho más sencilla para recibir, terriblemente sencilla con lo que este tipo de tecnología sería el último resquicio tecnológico que nos podría quedar para comunicaciones a larga y media distancia, menos que esto ya serían las cartas o señales de humo. Yo recomiendo tener en casa alguna radio que funcione para el futuro por si las cosas se ponen complicadas.

Pues esto es todo, si se me olvida algo me podéis decir, pero estas son las alternativas de comunicación que yo conozco podrían servir de alternativas temporales en momentos de colapso, tal vez se me olvida algo muy obvio ya me decís en los comentarios.

ALTERNATIVAS PARA EL FUTURO QUE NO LO SON:

INTERNET POR SATÉLITE

Escucho a veces en charlas sobre el futuro de intenet, incluso de personas comprometidas, que piensan que una buena alternativa contra la censura es el itnernet por satélite. Así a primera vista dices, eh un satélite mi gobierno no lo puede censurar, por mucho que me corten el internet en mi zona siempre tendré internet por satélite y escaparé de gobiernos malignos.

Bueno, meintras tu gobierno sea un gobierno enemigo de el gobierno donde reside la empresa por satélite y mientras la empresa por satélite exista en un mundo en colapso si, puedes comunciarte en contra de la voluntad de ese gobierno, **si son amiguitos seguramente te apaguen interel la misma emrpesa de satélites del pais amigo**. Como ese gobierno en el que vives tenga un buen cañon laser y se lleve mal con el gobierno donde la emrpesa que te ofrece internet de forma clandestina, pues le quedan dos telediarios al satélite cuando pase por el espacfio aéreo de este país, que se yo por ejemplo Rusia o China.

Por otro lado para poder tener internet por satélite solo necesitas ser una empresa con tecnología aeroespacial puntera, capacidad para fabricar cohetes y satélites, tener lanzaderas y luego todo un sistema de seguimiento y gestión para unos satélites que tienen combustible para 5 años y luego caen a tierra porque se quedan sin bateria y repelente y toca enviar mas y mas satélites todos los años para reemplazarlos… vamos que de todo menos sostenible y low cost ese sistema de tener internet a medio plazo salvo que como digo seas una super poetenica y tengas una super empresa de las que hay 2 o 3 en el mundo capaces de hacerlo, vamos toda una fantasía tecnoptimista esto del internet incesurbale con satélites y mucho mejor montar una wifi local o pasar un cable de fibra.

5. EL COSTE CIVILIZATORIO

Me he encontrado muchas veces en este mundillo del futuro energético y tecnológico con personas que afirman que gracias a la tecnología y la automatización sólo harían falta X personas para generar casi toda la riqueza. Cogen la calculadora y dicen, si casi toda la riqueza la concentran las empresas tecnológicas ahora mismo por ejemplo en el NASDAQ, y su precio en bolsa es de x millones, realmente sólo hace falta que esas empresas crezcan un poco más, que automaticen aún más todo y ya tienen el control de todo, sobran humanos. Pero claro desde mi punto de vista esta visión simplista de la realidad choca con mi versión de la historia. Mi teoría a la que llamo COSTE CIVILIZATORIO, es que no es que unas pocas empresas puedan automatizar muchísimas cosas, y acaben con muchos puestos de trabajo, sino que es todo lo contrario, gracias a la cantidad de humanos que somos en el planeta, cada uno haciendo sus cosas, consumiendo, en cada rincón del planeta, explotando cada trozo de tierra, cada mina, trabajando en cada fábrica o fundición, con todas las personas proveyendo de comida, servicios, universidades casas, y además con muchísima energía que viene del petróleo y otros combustibles fósiles, y solo con todo esto, como haciendo un castillo humano y energético, los de la cúspide pueden soñar con vivir una vida sin personas ni límites energéticos. Obviamente con mi paralelismo se ve enseguida que en seguida que empiecen a quitar personas de la montaña humana la cúspide se derrumba. Es decir, que desde mi punto de vista no se puede disociar un microchip de 7.800.000.000 de personas que entre todos construyen las diferentes civilizaciones que explotan con energía los recursos de todo el planeta para que algunos sueñan con teletrabajo, y máquinas que hacen todo. O lo digo de otra manera, sin 7.800.000.000 de personas no podemos tener lo que tenemos ahora, no se puede quitar gente y pensar que podemos seguir haciendo lo mismo. Vamos a poner un ejemplo real. Taiwan. Taiwán es junto con Corea del Sur los únicos países que pueden fabricar los procesadores de última generación. Para que Taiwán pueda hacer esto "solo" necesitan 40.000 ingenieros. Es decir que sólo hacen falta 40.000 personas para que sea posible el milagro Taiwanés. De hecho China ya les ha quitado 3000 ingenieros que es casi un 10% de estos ingenieros para poder fabricar esta tecnología en su país. Entonces si alguien coge la calculadora y dice, pues más o menos si son 40.000 personas de aquí, luego otros 50.000 por allá para hacer robots en China, pim pam pum, con un millón de personas tenemos todos los ingenieros para hacer un ejército de mega robots asesinos, o un montón de servidores que controlan nuestras vidas con IAs y que hacen casi todos los trabajos… Pero entonces yo me pregunto, si Taiwán casi todo su PIB lo generan estos 40.000 ingenieros…. ¿porque son 23 millones de habitantes? Si casi toda la riqueza la generan 40.000 personas, pq no hacemos robots que mantengan vivas a estas 40.000 personas y los demás fuera, sin trabajo y que se vayan muriendo.

Pues ahí es donde entra el COSTE CIVILIZATORIO.

Sin colegios, esos niños nunca serán ingenieros, sin universidades, sin una casa, sin supermercados, sin limpieza, sin ropa, sin calefacción , sin recogidas de basura, sistemas para tener luz, agua, alcantarillado, sin el resto de operarios de la fábricas de chips, sin camiones, puertos, y todo esto con ingentes cantidades de energía. ¿Empezáis a ver el montón de humanos apilados haciendo una pirámide para que en la cumbre los mejor pagados y que más dinero generan a el país estén arriba? Pero hay más, Taiwan está al lado de China, y siempre existe la posibilidad de que China les conquiste. ¿quién impide que China no conquiste Taiwán? ¿Un ejército de Taiwán de 215.000 soldados? Contra un país que es China cuyo ejército es de 2.035.000 soldados… obviamente no, pero ya tienes que añadir 215.000 personas más a esos 40.000 ingenieros si no habías ya incluido los 23 millones de habitantes taiwaneses. Pues no, para que Taiwán no sea conquistado cuenta con el apoyo de todo el ejército de Estados Unidos, e incluso de Europa. ¿el motivo? Es un país estratégico para el resto del mundo con lo que hay muchísimas más personas que los 21 millones de habitantes sólo para defenderse del China, exactamente el millón de soldados americanos más los alemanes y otros aliados de Taiwán. De hecho Taiwán tiene un ejército considerable pues es el doble de soldados que España pero la mitad de la población, además dicen que 1 millón de personas son reservistas… que no me lo creo. Y de aquí ya empezamos a tirar de cosas como que significa tener internet o una bombilla como relato en mis libros RC1 y RC2 ¿Cuántas personas hacen falta para enroscar una bombilla?[29] o ¿Una página de un libro o una página de internet?[30] Pues por supuesto Taiwán no tiene minas, ni coltán, con lo que necesitamos más ejércitos para controlar los recursos de el Congo o Bolivia, Chile, barcos, aviones, ropa para todas las personas que hemos mentado, comida, bares, hoteles, constructoras, cemento, navieras, fundiciones…. etc… Entonces **¿hasta qué punto podemos sólo con ingenieros y máquinas hacer que sobre gente?** Y lo que es peor, y si encima la energía se está acabando como pasa con el petróleo, el carbón, materiales radioactivos… Y lo que es más interesante, y que no he tocado hasta ahora, ¿hasta qué punto se puede producir riqueza sin nadie que consuma los productos producidos en ingentes cantidades?. Es decir y volviendo a Taiwán, para que las fábricas de Taiwán sean rentables, no se

29https://www.felixmoreno.com/es/index/
16_0_cuntas_personas_hacen_falta_para_enroscar_una_bombilla.html

30https://www.felixmoreno.com/es/noticias/
105_0_rc_323_una_pgina_de_un_libro_o_una_pgina_web_en_internet.html

pueden vender 10 millones de móviles ni 150 millones, para esa hipotética sociedad de sólo X personas por ejemplo 150 millones. Es decir como explico en mi saga de artículos de Chip Wars, y El fin de la memoria, cada vez es más difícil ser competitivo tecnológicamente, y debido a la caída de demanda, y con todos los ciudadanos del planeta consumiendo ya tecnología, **aún así, sólo da para una o dos empresas en la cúspide tecnológica**. Porque para tener robots e IAs, y lo último de tecnología las inversiones energéticas y de dinero es tan grande que sólo tiene sentido con toda la población mundial aportando con su esfuerzo para que sea así, y con las ingentes cantidades de energía que nos ha dado el petróleo. ¿Qué pasará con Taiwán si desaparece la población de la India? Si, sólo se vendieran yo que sé 150 millones de móviles en una hipotética población mundial de esa cantidad como he leído hoy en un artículo que ni voy a mentar. ¿se pueden fabricar móviles en esa pequeña cantidad 150 millones y que sea rentable si a dia de hoy fabricando 1.400 millones de móviles, apenas hay 2 sitios en el mundo que fabriquen los chips de los móviles y apenas 5 empresas de móviles les da para seguir a flote con los costes energéticos y   unas ventas cada vez más decrecientes. EL FIN DE LA MEMORIA 6 : PEAK PHONES[31]

¿qué pasará con Taiwán si cada vez hay menos energía en el mundo para hacer todo esto?

Porque la realidad es que sin todo un planeta de 7.800.000.000 de personas consumiendo y los recursos expoliados de la tierra con energías fósiles y comprando 1.400 millones de móviles al año, no podríamos tener móviles tan avanzados y que ya casi nadie puede fabricar porque la demanda no puede crecer al no haber más consumidores potenciales, ni próximamente energía disponible. Por todo esto imaginar una sociedad llena de tencología y robots de sólo 150 millones de habitantes, donde esas máquinas hagan todo el trabajo necesario para mantener vivas a esas personas es teriblemente estúpido desde mi punto de vista, porque no se tiene en cuenta **LOS**

31https://www.felixmoreno.com/es/noticias/128_0_el_fin_de_la_memoria_6peak_phones.html

COSTES CIVILIZATORIOS NI ENERGÉTICOS. Y dentro de los costes civilizatorios tampoco se tiene en cuenta las diferentes civilizaciones, sus ejércitos y sus intereses, que de ninguna manera se va a quedar en un universo de 150 millones de personitas todas felices con su tecnología robótica y su PIB.

6. ESTO ES UN MENSAJE DEL GOBIERNO

Las nuevas normas para la nueva normalidad se harán efectivas esta noche a las 0 horas 0 minutos y estarán vigentes durante los próximos 10 años.

No salga de casa, cualquier cosa que necesite se le pondrá a disposición según necesidad.

Su vecino no es su amigo, no hable con él ni establezca contacto visual.

Solo puede compartir su casa con su pareja, y sus hijos, no puede haber nadie más, sus padres si no pueden vivir solos deberán ser internados.

Si vive con otras personas deberá buscar una nueva vivienda, esto ayudará a mantener el mercado inmobiliario activo, mantenemos el país a flote.

La educación es lo más importante para nuestra sociedad. La teleasistencia es obligatoria e inexcusable. Cumplidos los 18 años el hijo o hija deberán abandonar la casa para ocupar una nueva vivienda.

Recuerde la educación de sus hijos no le compete, no intente enseñarles cosas en casa, está terminantemente prohibido, deje en manos de profesionales el futuro de su camada.

Todos los negocios que no permitan teletrabajo y envío a domicilio como bares, restaurantes, peluquerías, etc serán cerrados permanentemente, el gobierno indemnizará a sus propietarios. Sea emprendedor monte su nuevo negocio desde casa.

Debe comprar algún producto online todos los días, la economía está por encima del individuo, haga su parte.

Está prohibido salir de su domicilio salvo para ir a trabajar en caso de que su trabajo no permita teletrabajo.

Si no tiene trabajo pida ayuda para que le busquemos uno, el país le necesita.

Para ir a trabajar deberá usar exclusivamente el transporte público que pondremos a su disposición, cualquier otro tipo de transporte como coche, bicicleta o andando quedan prohibidos. Ah y recuerde sea puntual, su tiempo es nuestro tiempo, nuestro tiempo es su tiempo.

La vida sencilla es la vida útil, simplifique su vida, pero no olvide que consumir es ser patriota, compre productos que se consuman rápido deje espacio para lo nuevo, tire lo viejo.

Está prohibido vivir en la calle, si lo hace será internado.

Puede y debe denunciar a quien se salte esta normas, si no lo hace será considerado cómplice.

Cualquier servicio imprescindible como cortarse el pelo se hará a domicilio y en ausencia del resto de la familia, apreciamos que aprenda a cortar el pelo y otras habilidades usted mismo.

Debe llevar el chip de rastreo en todo momento, de no hacero será internado.

La comida será entregada sólo por repartidores autorizados, al igual que con los vecinos no haga contacto visual, y por supuesto no lo toque, deberá recoger su comida del suelo donde la dejará el mensajero y se alejará para que la recoja.

En caso de tener fiebre un equipo visitará su domicilio para retirarle a usted y a su familia. No tenga miedo su sacrificio es la supervivencia de la especie, lo importante es el grupo no el individuo, hágalo por los demás, el grupo espera mucho de usted, usted puede esperar lo mismo del grupo.

Ninguna de estas normas se aplicará para familias con rentas superiores a 300.000€ ellos ya hacen su parte, altos funcionarios, representantes religiosos, familia real y amigos, fuerzas del estado y sus familias, políticos, toreros, futbolistas, presentadores de televisión, radio y artistas que cobren de sociedades gestoras de derechos de autor 3 veces el salario medio interprofesional.

Y sea como sea recuerde, mañana tiene que trabajar.

#yomequedoencasa

Puede ver el videorelato narrado por Felix Moreno en youtube.[32]

---

32 https://www.youtube.com/watch?v=a5G_CrKZZTU

7. CHIP WARS 1
TAIWÁN v.1.5

Si tuviera que elegir un punto débil o un lugar que sea vital para la actual sociedad de la información, la respuesta sería La República de China, más conocida como Taiwán. En esta isla del pacífico se fabrican las piezas más pequeñas que jamás la humanidad ha hecho para luego formar parte de lo que se conoce como un microprocesador o un chip de memoria. El microprocesador es el corazón de cualquier ordenador, coche actual, televisión, red de telecomunicaciones y casi cualquier aparato de alta tecnología. Y además su fabricación es tan complicada y costosa que sólo una o dos empresas en el mundo son capaces de hacer tal proeza (además de tener las patentes etc para impedir que otros hagan lo mismo). A día de hoy TSMC en Taiwán y Samsung en Corea del Sur son esas dos empresas. Ni China, ni Estados Unidos, ni Rusia ni ningún país de Europa pueden hacer lo que estas 2 empresas pueden, procesadores y memorias con tecnología del tamaño entre 3 y 7 nanómetros.

Si Taiwan cayese por ser conquistado por China, o por algún temporal, catástrofe, o sequía debida al cambio climático y la empresa TSMC no pudiese fabricar semiconductores durante unos meses, todo occidente se quedaría fuera de combate y habría que viajar al pasado y simplificar los ordenadores para que fuesen más lentos e hiciesen menos cosas, llevo advirtiendo de esto desde 2019. Todo esto lo sabían los estados de todo el mundo, pero no fue hasta 2021 que se o tomarón en serio, de todo eso hablo en mis libros pero… hablemos de Taiwán.

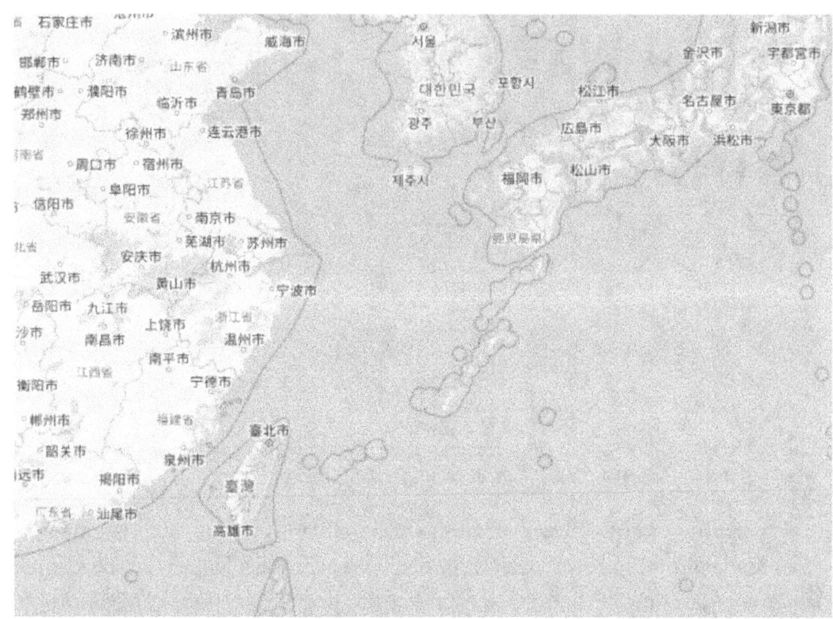

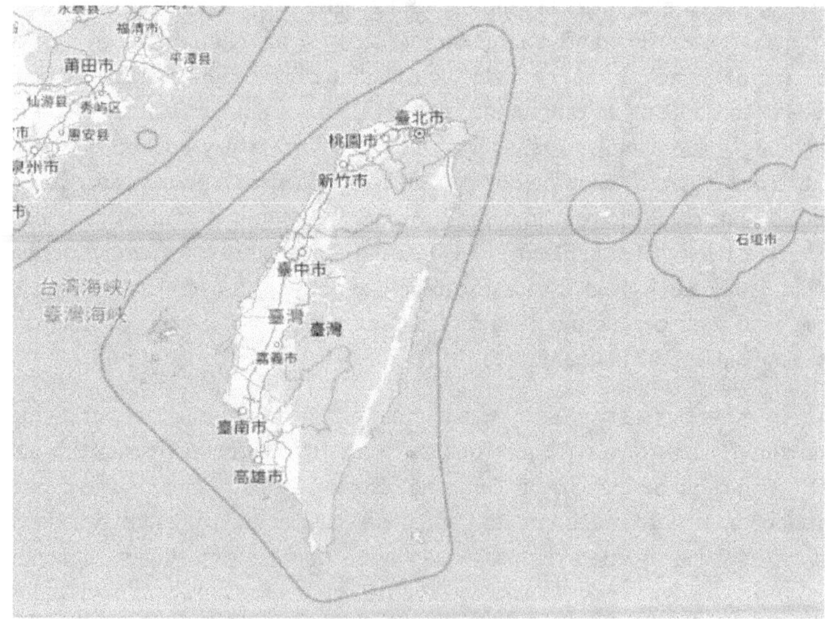

© Open Street Maps

Taiwán o la República China, es una isla que está literalmente a la misma distancia de Japón que de China, aunque no lo parezca, Japón tiene una isla que se llama Yonaguni que he marcado en este otro mapa que está al lado de Taiwán. Algún día me gustaría conducir todas esas islas japonesas desde Tokyo hasta llegar a Taiwan. La superficie de Taiwan es un poco mas grande que la de Cataluña unos 36.000km cuadrados.

Su historia empezó cuando la isla era habitada por los pueblos marineros del pacífico hace miles de años…después en el siglo 12 los pescadores chinos empezaron a establecer allí bases Después en el siglo 15 con la expansión de occidente acaban por allí la Compañía Holandesa de las Indias, los portugueses que llamaron a la isla Formosa, Isla Hermosa, y también fue parte del reino de España durante 20 años. Después fue parte de Holanda, y de nuevo de China todo esto como digo en el siglo 15… En el 17 los franceses aparecieron por ahí, luego otra vez China y en el siglo 19 llegaron los japoneses, ahí es nada. Japón hizo un esfuerzo muy grande por "japonizar y desarrollar" la isla, con casi medio millón de colonos, hizo redes de ferrocarril, y en parte eso explica el gran desarrollo que tuvo después y por supuesto como siempre en la historia había mucha violencia contra los que estaban allí antes. Más información sobre la isla que no el país aquí.[33]

La historia actual de Taiwan es también muy curiosa, después de la segunda guerra mundial Japón perdió esta isla que fue a parar a la República de China, posteriormente cuando en China la revolución comunista llegó, los poderosos de la República de China se refugiaron en Taiwan manteniendo allí la República en contra de la República Popular de China, lo que conocemos como la actual China. Puedes leer mas info en la wikipedia sobre la actual Taiwán.[34]

Este territorio de Taiwán al igual que los anteriores moradores una y otra vez, tiene un pasado muy oscuro de asesinatos, sometimiento y persecución de la población con una Ley Marcial que duró desde 1948 hasta 1987. Este estado autoritario y los intereses de Occidente en la zona, sobre

33 https://es.wikipedia.org/wiki/Isla_de_Taiw%C3%A1n#Historia

34 https://es.wikipedia.org/wiki/Rep%C3%BAblica_de_China#Geograf%C3%ADa

todo de Estados Unidos, más el proceso que inició Japón de industrialización, permitió un desarrollo tecnológico que han convertido esta isla en el corazón de la tecnología mundial a principios del sigo 21. Sin ciudadanos que se cuestionaran nada porque no podían hacerlo, las empresas privadas hicieron y deshacieron en esta isla a sus necesidades. Por ejemplo su fiscalidad es útil para tener una especie de paraíso fiscal en la sombra. **Es interesante cómo el corazón de la tecnología del mundo no tiene porque ser una democracia, o respetar los derechos humanos, que no me refiero a la actual politica local, pero como reflexión, al igual que el otro corazón de la actual sociedad del petróleo, los países árabes tampoco lo son o lo han sido. Si lo piensas el planeta entero legitima estos estados a cambio de lo que tienen o producen.**

Desde entonces hay muy pocos países que lo reconocen a Taiwan como país, (sobre todo los que reciben ayuda humanitaria de la misma Taiwán) la inmensa mayoría no.

Los países que reconocen a Taiwán como país son: 4 en América Central: **Nicaragua, Honduras, Guatemala, Belize,** 4 en Caribe: **Haití, Federación de San Cristóbal y Nieves, Santa Lucía, San Vicente y las Granadinas,** 1 en América del Sur: **Paraguay,** 4 en Oceanía: **Palau, Islas Marshall, Nauru, Tuvalu,** 1 en África: **Suazilandia,** 1 en Europa: **Ciudad del Vaticano.**

El interés de EEUU financió el crecimiento de este país, para de paso mantener el control del pacífico y de la expansión de China, por eso China no ha movido ficha desde entonces alli. Algo parecido pasó con Corea del Sur. Estados Unidos tiene un poder de facto de veto y control sobre la economía taiwanesa donde se fabrica mucha de la tecnología que usa Estados Unidos. A cambio protege la isla para evitar que China o Japón se hagan con ella. Una vez ponéis a Taiwán en el mapa toca hablar de procesadores del siglo 21.

En Taiwán como dije al principio, está **TSMC**, o **Taiwan Semiconductor Manufacturing Company**, y es la mayor empresa de semiconductores del mundo. También es cuna de **UMC**, una empresa pionera en este universo tecnológico pero que con el tiempo se ha ido quedando atrás en I+D, recordemos que dice la wikipedia sobre UMC.[35] UMC a diferencia de TSMC tiene fábricas en China de alta tecnología (TSMC tiene fábricas con maquinaria muy desfasada en China), algo que en el futuro podría jugar a favor de este fabricante en las CHIP WARS.

"UMC fue la primera fundición en producir chips en obleas de 300mm, en emplear materiales de cobre[36] en las obleas, en vender circuitos integrados fabricados en 65 nm y en producir chips usando procesos de 28 nm.[2] También fue la primera compañía taiwanesa en ofrecer servicios de fundición y la primera empresa de semiconductores que cotizó en la Bolsa de Taiwán en 1985. La compañía también es conocida por haber producido los chips que fueron usados en los primeros famiclón,[37] clones de la Nintendo NES[38]"

Pero volvamos a **TSMC**.

Esta empresa es de las pocas, por no decir la única que ya puede fabricar chips de 5 nanómetros (incluso 3nm pronto), si recordáis mis artículos de El fin de la memoria 1 Peak Computing[39] ya en la guerra por los 7nm casi todos los países del mundo se estaban quedando atrás. Intel el rey americano de toda la vida de procesadores tiró la toalla en 2019 y se está

35 https://es.wikipedia.org/wiki/United_Microelectronics_Corporation

36 https://es.wikipedia.org/wiki/Cobre

37 https://es.wikipedia.org/wiki/Famicl%C3%B3n

38 https://es.wikipedia.org/wiki/Nintendo_NES

39 www.felixmoreno.com/el-fin-de-la-memoria-1-el-futuro-de-la-informatica-PEAK-COMPUTING/

quedando atrás en la capacidad de fabricación y ya fabrica mucho en Taiwán como casi todo el mundo, literalmente casi todo el mundo acaba fabricando microprocesadores en Taiwan, concretamente en TSMC.

Y cuando digo todo el mundo me refiero literalmente, EEUU obviamente, pero también los procesadores chinos, europeos, japoneses y rusos. Se diseñan en sus respectivos países pero cuando llega la hora de la verdad y toca convertir el diseño en algo físico por ahora debes acabar en TSMC. En TSMC se fabrica las cosas de EEUU Y CHINA, lo de Apple, Applied Micro Circuits Corporation, Qualcomm[40], Altera, Broadcom, Conexant, Marvell, NVIDIA, AMD y VIA, las Play Station de Sony, incluso Intel incapaz de fabricar ciertos tipos de chips como dije externaliza la producción en esta empresa Taiwanesa.

Pero claro, China está ahí, y desea tarde o temprano hacerse con el control de esta isla y sobre todo de su tecnología. Por cierto en El fin de la memoria 5, peak de las máquina que hacen máquinas[41] hablo de las máquinas holandesas que usa TSMC para obrar el milagro vetadas a los chinos.

Esto nos lleva a la batalla por el 5G. En 2020 una extraña batalla tecnológica se llevó a cabo, el motivo fue quien fabricaba la tecnología de la nueva red de telefonía 5G. Básicamente había 2 empresas luchando entre sí, la americana Qualcomm, que fabrica en Taiwan, o la china Huawei… que también se fabrica en Taiwan. Yo no sé, aunque intuyo que puede tener que ver con el espionaje de las comunicaciones internacionales, pero esto se ha convertido en una guerra fría entre EEUU y China, y ha pasado 2 cosas curiosas. La primera es que gracias a la presión de EEUU a Taiwan, legalmente por temas de patentes, y más bien por otro tipo de vías, mediante la presión internacional y embargos tecnológicos, EEUU consiguió que la empresa China HUAWEI dejase de fabricar procesadores de última generación en la isla de Taiwán. Si en China pudieran fabricar chips como los que fabrican en Taiwan, no habría problema…. salvo porque en China no tienen esa capacidad todavía, con lo que Huawei probablemente deje de

---

40 https://es.wikipedia.org/wiki/Qualcomm

41 felixmoreno.com/es/index/
127_0_el_fin_de_la_memoria_5peak_de_las_mquinas_que_hacen_mquinas.html

fabricar móviles, ordenadores y estaciones de 5G con microprocesadores de última generación. Por ahora Huawei pasará de fabricar procesadores de 5-7 nm en Taiwán a 14 nanómetros en China en la empresa SMIC, es decir ha viajado al pasado tecnológicamente. No obstante que en China ya se pueda fabricar tecnología de 14nm es una prueba de que están haciendo los deberes y poco a poco intentarán reducir sus chips. Obviamente China al igual que Rusia y otros países tarde o temprano quieren tener el control de la fabricación de chips de 3-5-7 nanómetros sin tener que pasar por países controlados por EEUU, y tienen 2 opciones, conquistar Taiwan o tener sus propios fabricas de chips, algo que está siendo terriblemente costoso además de luchas siempre con EEUU que hará todo lo posible para que ese día no llegue. Entonces fijaros lo importante que es esta isla para el futuro de la tecnología mundial, obviamente esto tarde o temprano generará problemas de suministro como ya lo ha hecho para la China Huawei como predije en mis textos de El fin de la memoria, pero es más en Mayo de 2020, Estados Unidos para curarse en salud, conevnció a TSMC para que haga una fábrica de chips de 3-5 nm en suelo estadounidense. Exactamente se invertirá 12.000 millones de dólares en una fabrica en Arizona.[42] Obviamente EEUU no quiere que la inestabilidad futura en la zona les deje sin algo que a día de hoy no tienen capacidad de producir, al menos en parte. Todo esto para poder fabricar chips de 5nm en EEUU para aproximadamente 2023, fijaros lo importante que es la potencia que dan estos procesadores y estratégicamente lo serio que es el asunto y el no poder fabricar tecnología de 5nm en tu país por muy superpotencia que sea. China también en Mayo de 2020 hizo lo suyo invirtiendo con el programa Made in China 2025[43] a través del China National Integrated Circuit Industry Investment Fund y el Shanghai Integrated Circuit Industry Investment Fund han invertido US$2 billones en la empresa SMIC que como dije antes por ahora fabrica ya en China chips de 14nm pero que con estas inversiones esperan evolucionar rápido su tecnología nacional. El objetivo entre 2020-2030 era ir a por los chips de 7 nm o menos, algo que obviamente EEUU intentó boicotear. Como siempre es curioso como EEUU prefiere comprar a quien compite con ellos respecto a China que prefiere fundar o mejorar sus propias empresas. Por cierto la

42 https://www.wsj.com/articles/taiwan-company-to-build-advanced-semiconductor-factory-in-arizona-11589481659?mod=djemalertNEWS

43 https://en.wikipedia.org/wiki/Made_in_China_2025

taiwanesa TSMC es propietaria del 10% de la china SMIC gracias a unas denuncias sobre violación de patentes que acabaron cuando SMIC dio a TSMC este pellizquito de la emrpesa. En 2021 sólo se podía fabricar chips de 3-5-7 nm en Taiwán y Corea del Sur (TSMC y SAMSUNG). En europa STM fabricaba chips de 65nm. (Aunque en Europa se fabricaban las máquinas que obraron el milagro taiwanes). Como dicen en mi tierra, aqui el mas tonto hace relojes… o microprocesadores. En septiembre de 2020 EEUU inició una campaña contra el fabricante chino SMIC, la única competencia mundial respecto a los chips taiwaneses como dije en el artículo. Básicamente están amenazando con meterles en la lista negra llamada *"Entity List"*[44]. Esto pasa después de que la empresa Huawei fuese también metida en esa lista impidiendo que accediera a procesadores taiwaneses y justo cuando esta misma empresa dijo que usaría los procesadores de SMIC. Parece que la guerra por los procesadores no ha hecho más que empezar, nos vemos en CHIP WARS 2. Todo esto en el fondo acabará afectando a las empresas de microchips americanas, pero todo eso ya lo veremos en los próximos Chip Wars, mientras SMIC y Huawei están empezando seriamente a diseñar sus propios procesadores que no serán ni ARM ni x86, cuyas patentes controla el gobierno americano, esto curiosamente creará nuevos ecosistemas tecnológicos incluso con la que está apunto de caer en la década de 2020 a 2030. Mientras en Europa después de la crisis de los chips de automoción por fin decidió meter ingentes cantidades de dinero público para hacer fábricas de chips en 2030… veremos.

---

44 https://en.wikipedia.org/wiki/Entity_List

8. CHIP WARS 2 ARM, PROCESADORES Y PROPIEDAD INTELECTUAL v1.2

Voy a intentar que este artículo sea lo más entendible para alguien ajeno a los ordenadores, aunque es complicado, pero lo voy a intentar. En el mundo de los ordenadores y trastos con ordenadores su corazón siempre es el microprocesador. Hemos hablado de ellos ya en varios artículos pero no viene mal recordarlo. Este corazón de los trastos tecnológicos no tiene porqué ser igual para todos. Cada uno usa su propio tipo de corazón, pero al final en todo el mundo casi todos usan para este corazón o procesador los diseños de dos o tres empresas. Los tipos de corazón o procesador más comunes son:

X86, ARM, POWERPC, RISC-V, MIPS

X86 - Es el procesador de toda la vida que llevan nuestros ordenadores, es propiedad de la empresa americana Intel, pero también pueden fabricar este tipo de procesadores AMD y VIA, por temas históricos de licencias de propiedad intelectual. El control sobre la propiedad intelectual de Intel ha impedido que más empresas puedan fabricar este tipo de procesador y ha usado todo tipo de técnicas monopolísticas desde los años 70 para evitar tener competencia. Usa instrucciones CISC.

ARM - Es un diseño de procesador hecho por una empresa originalmente inglesa. A diferencia de Intel, ARM ganaba dinero vendiendo sus diseños de procesadores a otras empresas y fabricantes, con lo que sobre todo ha licenciado la tecnología y hay muchas empresas, como Apple (USA) , Nvidia (USA), Huawei (CHINA) que han podido usar esta tecnología. También uno de sus puntos fuertes ha sido que su objetivo era procesadores que consumieran poco que al final es a donde está el mercado de móviles, portátiles etc. A día de hoy casi todos los móviles y aparatos de red usan este tipo de procesador. En 2020 se anuncia la compra de la americana NVIDIA de esta empresa con lo que pasará a ser 100% americana. Gracias a esta estrategia comercial de no monopolizar sino invitar a todo el planeta a usar su tecnología propietaria su expansión es imparable y pronto hasta los ordenadores de casa usarán ARM, apple ya a dicho que para 2021 se pone a ello… al menos hasta que en 2020 EEUU a través de la empresa NVIDIA ha adquirido ARM. Usa instrucciones RISC.

POWERPC - Este tipo de procesador lo inventó IBM empresa americana, y se usó para ordenadores Apple hasta hace unos años, para videoconsolas como GameCube, Wii, PlayStation 3, Xbox 360 y Wii U. También ha sido muy usado en servidores de alta potencia de IBM. Su objetivo era competir con X86 que controlaba Microsoft e Intel y que estaban monopolizando todo el mercado. Últimamente ha caído en desuso porque IBM y otras han empezado a apoyar RISC-V, pues están cansados de las guerras de patentes en los procesadores.

RISC-V - (pronunciado "Risk-Five") Esta arquitectura para los corazones de nuestros móviles y ordenadores es relativamente nueva, y surge como alternativa sin derechos de autor y con los ideales del software libre, es decir sin tener que pagar a nadie por usar la tecnología y con licencias que impidan a países controlar su uso. Surge ante la obvia realidad en la que por un lado Intel con X86 no deja que nadie más fabrique su tecnología, y ARM o MIPS, que aunque licencia su tecnología, es propietaria de la propiedad intelectual, cobra por ello, y además llegado el momento puede impedir a cierta empresa o país fabricar procesadores en una guerra fría y sucia tecnológica. Una lista parcial de organizaciones que apoyan la Fundación RISC-V incluye: AMD, [14] Andes Technology, [15] BAE Systems , Berkeley Architecture Research, Bluespec, Inc. , Cortus , Google , GreenWaves Technologies, Hewlett Packard Enterprise , Huawei , IBM , Imperas Software, Instituto de Tecnología de Computación (ICT) Academia China de Ciencias , IIT Madras , Lattice Semiconductor , Mellanox Technologies , Microsemi , Micron Technologies , Nvidia , NXP , Oracle , Qualcomm , Rambus Cryptography Research , Western Digital , SiFive y Raspberry Pi Foundation.[789]10

MIPS - Estos procesadores se han usado en dispositivos para Windows CE; routers Cisco; y videoconsolas como la Nintendo 64 o las Sony PlayStation, PlayStation 2 y PlayStation Portable. Más recientemente, la NASA usó uno de ellos en la sonda New Horizons[1] . Es o era una empresa americana, que últimamente no le ha ido muy bien, pero que sigue diseñando procesadores para el internet de las cosas entre otras.

Pues ya conocéis los contrincantes de la CHIP WARS mundiales. Estos corazones que dan vida a la tecnología son los que están ahora mismo sobre la mesa internacional en la guerra de los procesadores. Parece que en lo que se refiere a uso donde siempre había dominado X86, la tecnología ARM ha conseguido ganar la batalla de los móviles, tablets y todo tipo de electrodomésticos. Esto nos lleva a que EE UU que controlaba muy bien X86 haya tenido que hacer movimientos para hacerse con ARM y su fabricación. Como contaba en Chip Wars 1, Taiwán[45] la fabricación de chips sobre todo del tipo ARM se realiza en Taiwán y Corea del Sur, por eso EEUU ha dicho a la empresa TSMC de Taiwán que monte fábricas en EEUU para tener más controlado el suministro. Por otro lado también decía que gracias al control de la propiedad intelectual en la fabricación de microchips, EEUU había conseguido que Huawei no fabricase en Taiwan y

45 https://www.felixmoreno.com/es/index/111_0_chip_wars_1taiwn.html

se tuviera que conformar con tecnología obsoleta china.

Ya en 2019, EEUU intentó que Huawei no fabricase procesadores ARM que son la mayoría de los procesadores para teléfonos. ARM memo tells staff to stop working with China 's tech giant[46]. Se basaba en que la tecnología ARM tenía patentes americanas y por eso podía según sus leyes impedir que Huawei encargara procesadores con esta arquitectura, lo que dejaría a Huawei fuera de juego. No obstante en un interesante juego legal, resulta que originariamente la tecnología ARM había sido inventada en Reino Unido con lo que Huawei no podía ser "baneado" por EEUU sobre tecnología que no había sido inventada en EEUU ni la empresa era americana en origen. ARM continuará proporcionando a Huawei nuevos diseños para sus procesadores[47]. EEUU no se rindió y en 2020 bloqueó a Huawei en Taiwán, donde la empresa TSMC fabrica los chips con tecnología ARM. Por otro lado EEUU también consiguió que en Corea del Sur no le fabricasen pantallas, otra vez paras intentar que el mayor fabricante de móviles chino no hiciera sombra a empresas americanas. De todo esto hablo en Chip Wars 3 - China y Huawei. Un último movimiento desde mi punto de vista por parte de EEUU fue el de adquirir completamente la empresa ARM a través de la empresa americana NVIDIA por 30.000.000.000 de dólares. ARM que era medio inglesa-americana medio japonesa desde que la compró SoftBank hace unos años ahora pasará a ser americana al 100%. En principio oficialmente será para que NVIDIA mejore su tecnología en chips de Inteligencia Artificial, pero yo y supongo que otros analistas pensarán, tengo la sospecha de que esto puede acabar con el sistema de licencias de ARM y acabará prohibiendo la fabricación en China de procesadores ARM en su fábrica de SMIC. Obviamente niegan esto desde NVIDIA.

46 https://www.bbc.com/news/technology-48363772

47 https://hipertextual.com/2019/10/arm-huawei-disenos-chips

9. CHIP WARS 3
CHINA HUAWEI Y SMIC v 1.3

Pues ya ha llegado la hora de hablar del púgil que tiene a Estados Unidos entre las cuerdas tecnológicas. El lobo que tiene aterrado al universo tecnológico americano y contra el cual lleva décadas luchando para que no aprendan a hacer procesadores. Porque la historia de China y la tecnología no viene del año pasado, y las Chip Wars que estoy narrando, Estados Unidos hace mucho tiempo que no desea que ciertos países tengan la capacidad tecnológica suficiente como para hacerles sombra tecnológica, sobre todo China. Y es que los procesadores son una parte importante del negocio empresarial americano, y además con procesadores se hacen armas tecnológicamente letales como drones, cazas, o misiles antiaéreos.

China estuvo hasta cierto punto aislada comercialmente y tecnológicamente hablando hasta entrado el siglo 21. Cierto es que el Made in China o Made in R.P.C era ya un habitual de los todo a cien y los juguetes baratos, pero en lo que a tecnología se trataba las cosas se fabricaban en unos desconocidos países llamados Taiwán, Hong Kong, o el lejano Japón. No fue hasta 2001, cuando China entró en la WTO , la organización mundial del comercio cuando pudo por fin acceder al mercado internacional de tecnología y poder comprar por ejemplo procesadores para fabricar aparatos electrónicos de última generación como ha hecho hasta ahora. En la siguiente gráfica se puede ver cómo a partir de 2001 la inversión en ciencia y tecnología se disparó en el país asiático. Hasta ese momento al igual que la mayoría de países, China importaba la tecnología de países como Taiwán o Hong Kong.

Figure 2: PRC Government S&T Expenditures and S&T Expenditures as a Percentage of All Government Expenditures (1980-2008)[20]

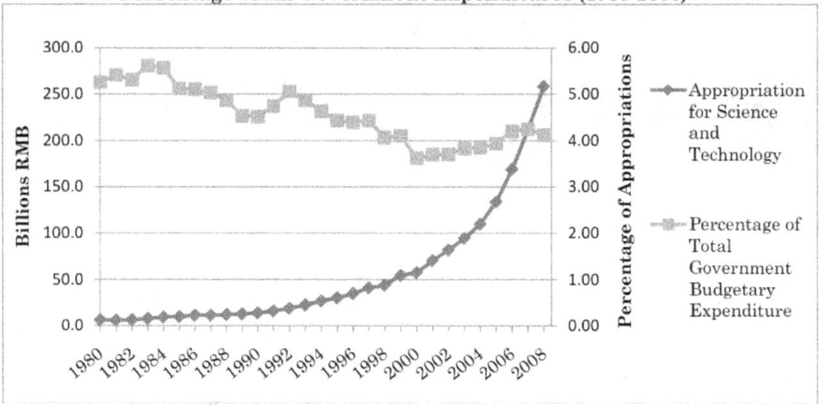

2009 numbers taken from National Bureau of Statistics , "Di'er ci quanguo kexue yanjiu yu shiyan fazhan ziyuan qingcha zhuyao shuju gongbao" (the second nationwide science research and development resources inventory: public report on important statistics), November 22, 2010.

Fuente ussc.gov.

Antes de hablar de los 2 grandes de esta historia **SMIC** y **HUAWEI** vamos a repasar qué hubo antes y que otros intentos se han hecho en China desde el año 2000 para tener cierto control sobre la tecnología que usan. Lo primero fue intentar tener sus propios procesadores, sin puertas traseras y no diseñados fuera de China, pero sin tener la capacidad de fabricarlos en su territorio, pero poco a poco y desde el año 2000 y la fundación de SMIC con capital estatal esto fué cambiando no obstante repasemos un poco antes de llegar ahí.

EMPRESAS Y PROCESADORES CHINOS ANTERIORES:

Loongson

En 2002 una iniciativa publico-privada invirtió para que China empezase a tener sus propios procesadores, los Loongson. Estos procesadores de arquitectura MIPS se fabricaron en Suiza pero se toparon con copyright americano. Aún así esta tecnología ha perdurado hasta nuestros día y se usa aún en muchos ordenadores chinos. No obstante no es una tecnología ni comparable ni compatible con la informática occidental. Para poner en perspectiva en 2019 la última generación de estos procesadores era de 29 nm cuando en occidente se fabrican de 5-7 nm ya.

Zhaoxin

En 2013 otra empresa china también con apoyo de dinero público llamada Zhaoxin entró en el mercado de los procesadores de forma diferente a Loongson. Esta vez contarán con las patentes y derechos para poder fabricar procesadores que funcionen con los programas occidentales, es decir que puedan funcionar con windows por ejemplo, lo que se conoce como arquitectura x86. Este sistema propiedad de Intel cosas de la vida tenía 2 empresas que en los años 70 y 80 podían fabricar estos tipos de procesadores, AMD y Citrix, cosas de la vida la propiedad intelectual y los derechos para poder fabricar estos procesadores acabaron desde la americana Citrix a la Taiwanesa VÍA que llegó a un acuerdo con China para fabricar procesadores para China. Por ahora no he escuchado nada de vetos a sus producción por parte de EEUU pero sus procesadores aunque se diseñan en China se fabrican en Taiwan con lo que no son independientes. Probablemente tengan planes para pasarse a la empresa china SMIC para fabricar sus futuros procesadores y tarjetas gráficas para evitar el control de EEUU.

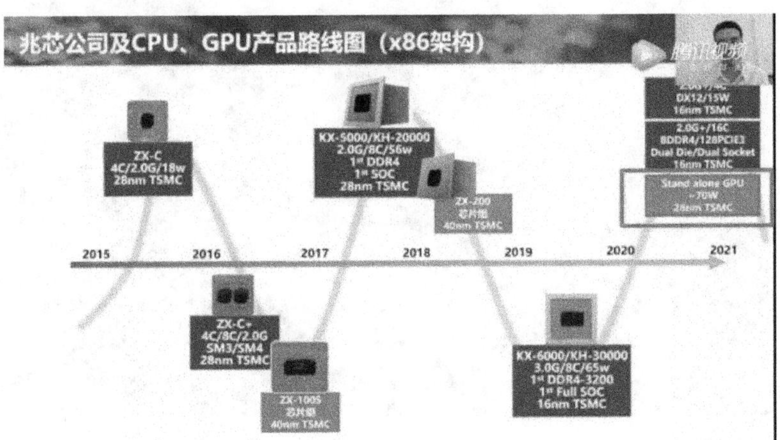

AMD–Chinese joint venture

En 2018 algo parecido a lo que hizo Taiwan con Zhaoxin, hizo AMD con la AMD–Chinese joint venture para poder fabricar procesadores x86 en China, no obstante un año después 2019 y la CHIP WAR de Estados Unidos ha dejado muerto este proyecto. El procesador se llamaba **Hygon**. Además venían con restricciones criptográficas de mano de EEUU con lo que su rendimiento es inferior.

Pythium

Pythium es otra de las empresas que está diseñando procesadores en China y que tiene grandes planes para el futuro. Es una empresa que ha diseñado procesadores para ordenadores de alta computación y servidores chinos pero que quiere competir también en el mercado de pcs domésticos. El problema que hasta ahora ha confiado su fabricación a la taiwanesa TSMC, pero por lo visto tienen planes para hacerlos en casa en la china SMIC y UMC que por desgracia también es de Taiwan aunque curiosamente tiene fábricas en China algo que sin duda será interesante de ver en el futuro. Estos eran sus planes hasta la llegada del torbellino Trump.

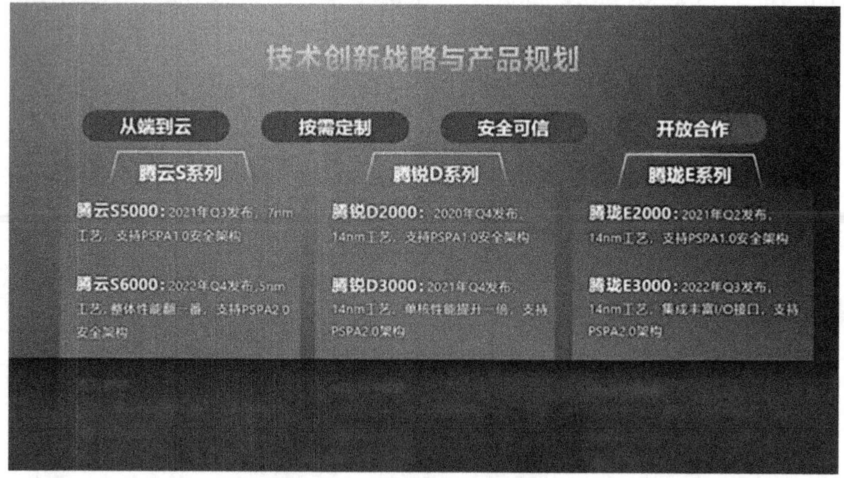

(Image credit: CnTechPost)

OTROS

Otros procesadores chinos que se han usado o se usan en sus supercomputadores serían el **FeiTeng**, el **Sunway** de arquitectura RISC usado sobre todo para ámbitos militares. La empresa Unisoc que diseña en china y fabrica en Taiwán, Los **ESP32** para el IoT pero fabricado también en Taiwán por TSMC, como véis casi todo está hecho fuera de China aunque sean diseños chinos.

PRESENTE

En China se consume en 2020 el 60% de todos los chips fabricados en el mundo, que procesa e integra en sus aparatos para luego venderlos dentro y fuera. Sin embargo sólo fabrica el 16% de los chips de todo el mundo, que son de menos calidad y nivel tecnológico. Esto le ha generado siempre una gran dependencia tecnológica exterior.

En 2020, y debido a los bloqueos americanos, China ha tenido que poner mucho dinero sobre la mesa para que su industria de semiconductores evolucione. Estados Unidos ha hecho un bloqueo comercial y de tecnología a las 2 empresas tecnológicas más grandes de China SMIC y HUAWEI. Esto a su vez ha generado una burbuja de inversiones y muchísimas empresas se han acogido a estas ayudas para reconvertir sus negocios a la industria de los circuitos. Cementeras, y otras empresas están invirtiendo en esta necesidad estatal gracias a las ayudas, casi 10.000 empresas se han apuntado de las 1000 que había en 2019 relacionadas con el negocio de los integrados. También esto ha hecho que suba el valor de sus acciones lo que como digo ya se considera una burbuja incluso dentro de China como dice este artículo.[48] Desde luego a China le están dando pocas opciones y además la CHIP WARS sigue y tiene a la fábrica de semiconductores SMIC en el ojo del huracán americano. En 2020 están sancionando su exportación e importación de tecnología. Ya en 2018 EEUU impidió que China adquiriera tecnología de última generación de la holandesa ASML[49], que como conté en

48 http://www.21jingji.com/2020/9-19/wMMDEzNzlfMTU5MTkwMw.html

49 https://es.wikipedia.org/wiki/ASML

El fin de la memoria 5, peak de máquinas que hacen máquinas[50] es la única capaz de fabricar esta tecnología para los procesadores del futuro y que se ha convertido un asunto de estado de Holanda, la Unión Europea y EEUU. Son los mismos americanos los que reconocen que la última generación de chips alimenta a su industria armamentística por ejemplo de aviones de combate con lo que es suficiente para EEUU según ellos para intentar bloquear la evolución tecnológica de China. No obstante China no tira la toalla y como digo ha puesto muchísimo dinero sobre la mesa. Por ejemplo 100 expertos en fabricación de semiconductores ex-trabajadores de TSMC de Taiwán fueron contratados en 2020 para trabajar en China.[51]. En total se calcula que ya van 3000 ingenieros que se han ido a China de los 40.000 que tiene Taiwan, lo que viene a ser **un 10% de ingenieros taiwaneses que se han ido a China**, recordemos que los habitantes de Taiwan son chinos que se quedaron en la isla después de la revolución comunista, con lo que vivir en Taiwán o en China es solo una cuestión política y económica. Hasta tal punto es importante este éxodo que básicamente la empresa China número uno en semiconductores SMIC la dirigen exingenieros de la taiwanesa TSMC. Ver gráfico a continuación.

50 https://felixmoreno.com/es/index/127_0_el_fin_de_la_memoria_5peak_de_las_mquinas_que _hacen_mquinas.html

51 https://asia.nikkei.com/Business/China-tech/China-hires-over-100-TSMC-engineers-in-push-for-chip-leadership

How talent from Taiwan powers Chinese chipmakers
(key people recruited by China)

	Company/ position	Year moved to China	Role in Chinese industry
Richard Chang	Worldwide Semiconductor Manufacturing Corp. (acquired by TSMC in 2000)/ General manager	**2000**	Founder of Semiconductor Manufacturing International Corp. (SMIC)
Chiu Tzu-yin	TSMC/ Factory manager	**2001**	CEO of SMIC from 2011 to 2017, currently CEO of Shanghai ZingSEMI
Lin Zhi-guo	Siliconware Precision Industries/ Vice president	**2012**	President of Jiangsu Cangjiang Electronics Tech
Charles Kao	Inotera Memories (acquired by Micron Technology in 2016)/Chairman	**2015**	CEO of Tsinghua Unigroup's DRAM unit
Yuan Di-wen	MediaTek/ Assistant chairman	**2015**	Vice president of Spreadtrum
Jiang Shang-yi	TSMC/Co-chief operating officer	**2016**	Served as outside director for SMIC, now CEO of Wuhan Hongxin Semiconductor Manufacturing
Liang Mong-song	TSMC/Senior R&D executive	**2017**	Joined Samsung Electronics in 2011, became co-CEO of SMIC in 2017
Sun Shi-wei	United Microelectronics/ CEO	**2017**	Served as vice president of Tsinghua Unigroup and CEO of Wuhan Xinxin Semiconductor Manufacturing
Stephen Chen Zheng-kun	Rexchip Electronics (acquired by Micron in 2013)/President	**2017**	President of Fujian Jinhua Integrated Circuit
Yang Guang-lei	TSMC/Senior R&D executive	**2019**	Outside director for SMIC

Source: Company announcements, other documents

Fuente Nikkei.com[52]

SMIC

Para continuar con la historia toca hablar del mayor fabricante de semiconductores de China SMIC. Esta empresa con sede fiscal en las Islas Caimán y sede industrial en Shanghai, fue fundada en el año 2000. En su capital está altamente participado el gobierno Chino. Fijaros como coincide como decía al principio con la apertura de China a los mercados internacionales. Poco a poco se ha ido convirtiendo en uno de los grandes fabricantes del mundo de la tecnología aunque no ha podido aún llegar a ser una empresa de tecnología puntera, sino que sus productos son como si dijéramos de segunda o tercera clase, pues debido a Estados Unidos, cada vez que intenta mejorar sus procesos es vetado internacionalmente, como por ejemplo cuando desea acceder a la tecnología holandesa de litografía.

Pero por otro lado y poco a poco como dije antes, están atrayendo a miles de ingenieros de otras empresas, sobre todo de la taiwanesa TSMC para ir evolucionando y mejorando sus fábricas en contra obviamente de los deseos de Estados Unidos. Además desde 2019 ya no cotiza en la bolsa de Nueva York por los mismos motivos, EEUU y sus bloqueos. A día de hoy SMIC es el segundo fabricante tecnológico más importante sólo por detrás de Huawei. Dicen los expertos que a SMIC entre bloqueos y falta de experiencia, le faltan aún 10 años para llegar a ser competitivo en procesadores y semiconductores de última generación, desde mi punto de vista si en solo 10 años ya son una amenaza para la industria americana, no creo que tarden en ser punteros, yo pienso que en 2-3 años podrían estar a la altura. Desde luego EEUU piensa lo mismo pues en 2020 la CHIP WAR contra ellos se ha intensificado a niveles que yo no recuerdo haber visto antes en lo que a intervención de un estado sobre la industria de otro país se refiere. Sinceramente ya sólo les falta atacar militarmente sus fábricas todo lo demás ya lo están intentando. Por cierto la taiwanesa TSMC es propietaria del 10% de la china SMIC gracias a unas denuncias sobre violación de patentes que acabaron cuando SMIC dio a TSMC este pellizquito de la emrpesa.

52 https://asia.nikkei.com/Business/China-tech/Taiwan-loses-3-000-chip-engineers-to-Made-in-China-2025

HUAWEI

Huawei es sin duda la mayor empresa tecnológica de China y el enemigo público número uno de Estados Unidos y su industria tecnológica. Casi todas las semanas desde 2018 hay noticias sobre Huawei y Estados Unidos. Desde la detención de la hija del fundador en Canadá, pasando por la lucha por el 5G y la embajada de Estados Unidos impidiendo que países aliados compren a China, impidiendo que China pueda comprar máquinas en Holanda para hacer procesadores de última generación, y pasando por todo tipo de bloqueos tecnológicos para que Huawei no compita con Apple por el liderazgo mundial de móviles. Huawei ya es la segunda empresa más grande de telefonía sólo por detrás de la coreana Samsung y si no hubiera sido parada por EEUU probablemente ya sería la número uno.

Les han dejado sin procesadores de última generación en Taiwán, y en Corea del Sur. Ni LG ni Samsung le van a vender pantallas modernas para sus gadgets. Nvidia ha comprado la empresa con las patentes para hacer procesadores ARM y pronto seguro que le impedirán usar esta tecnología que es la arquitectura principal de sus procesadores. Ahora mismo Huawei lo que está haciendo es desarrollar la industria China de pantallas y semiconductores visto lo de Corea, inyectando mucho dinero en SMIC para que evolucionen sus procesadores y luchar por la expansión del 5G y futuras tecnologías en los países que no controla EEUU. Como comentaré después todo esto está acelerando muy a pesar de EEUU la independencia tecnológica de China, que de no haber sufrido este boicot comercial habría seguido usando tecnología extranjera y su evolución aunque imparable hubiera sido más lenta.

CONCLUSIÓN

Lo curioso es que estos bloqueos internacionales a China tienen efectos serios en las economías de los países que siguen las instrucciones de EEUU, especialmente a ellos, porque están por un lado acelerando el desarrollo tecnológico chino, porque no les queda otra, porque sino no pueden seguir por culpa de EEUU, y por otro lado está haciendo que los negocios americanos tecnológicos empiezan a ser vetados en su primer o segundo mayor cliente, China, y que sean empresas locales las que consigan los contratos para supercomputadores por ejemplo, que debido a los bloques están siendo dados a SMIC y otros, aunque sean con procesadores menos punteros que los americanos. Esto en el fondo hace que las empresas americanas tengan menos recursos de cara al futuro, sobre todo en los costosos movimientos de actualización de tecnología. De hecho Boston Consulting Group avisa de que esto llevará a Corea del Sur al puesto número uno mundial y que después será China quien conseguirá el trono, dejando a Estados Unidos en tercer lugar con estos movimientos anti China.[53] Por otro lado y recordando mis artículos de El fin de la memoria, ya veis que si hay conflicto armado, las fábricas de microchips son habas contadas y seguro que serían los primeros objetivos militares de ambos bandos, dejando al planeta sin tecnología aunque sea de forma temporal, pero como mínimo un año o una década según se pongan las cosas, esperemos que ese día no llegue, pero es lo que yo llamo los eventos que acabarán con la tecnología tal y como la conocemos. Recordemos que la energía se acaba y eso afectará a todos los productos, cuanto más complejos más incluso.

53 https://www.bcg.com/publications/2020/restricting-trade-with-china-could-end-united-states-semiconductor-leadership

10. CHIP WARS 4 COREA DEL SUR v 1.1

Para acabar de conocer todos los actores de las CHIP WARS nos faltaba todavía conocer al último en el meollo, Corea del Sur. Corea del Sur es una península que tiene al Norte con Corea del Norte, esa desconocida civilización sin mucha tecnología, al Este con Japón, al Oeste con China y al Sur con Taiwán. Vamos que está en el centro de los grandes fabricantes de tecnología del mundo, y Corea del Sur no podía ser menos. La verdad es que la historia de Corea del Sur es muy parecida a la de Taiwán, ambas fueron conquistadas una y otra vez por las potencias vecinas, Japón en el siglo 16, China en el 17, y de nuevo Japón a principios del siglo 20 en las guerras entre China y Japón que causaron mucho dolor en la población Coreana. Después de la segunda guerra mundial Japón entregó el norte de la península a Rusia y China y la parte Sur a Estados Unidos. Cada una de las facciones estuvo interviniendo y apoyando a uno y otro bando y la zona fue territorio bélico hasta que se firmó la paz entre Corea del Sur y el Norte en 1953[54].

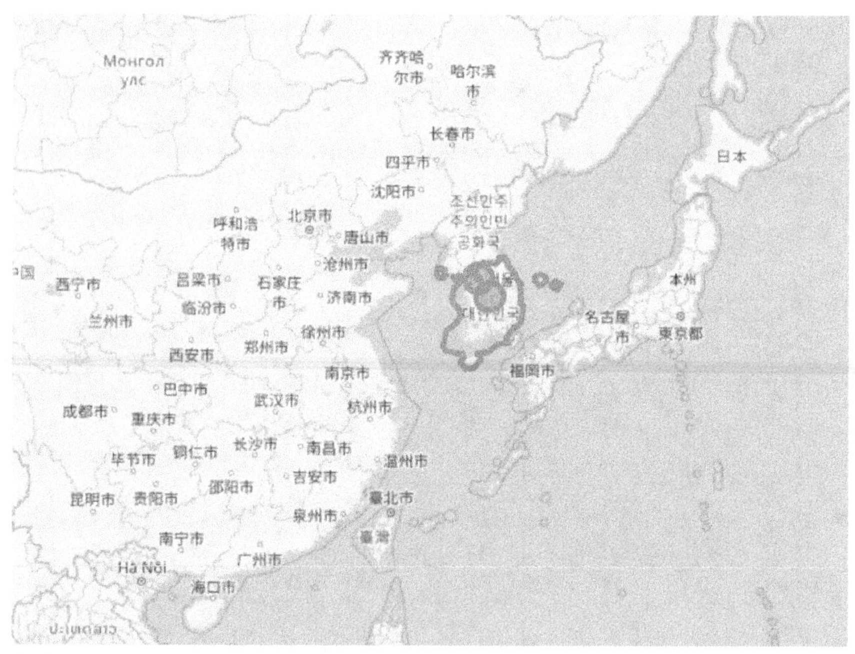

© Open Street Maps

54https://es.wikipedia.org/wiki/Acuerdo_de_Armisticio_de_Corea

Después igual que pasó en Taiwán, golpes de estado, autoritarismo, matanzas de civiles, todo para que los ricos locales fuesen más ricos y sus políticas neoliberales se llevasen a cabo con el apoyo de EEUU. Es curioso como se parece la historia de estos países asiáticos a la de muchos países de sudamérica. De la misma forma que en Taiwán, a finales de los ochenta la lucha del pueblo consiguió que las cosas cambiasen un poco y se acaban los nepotismos, pero el país sigue siendo una democracia neoliberal. Yo pienso que al igual que en Taiwán la influencia japonesa y su espíritu de industrialización sembró en el territorio el espíritu de emprender empresas tecnológicas que acabaron en lo que es hoy Corea del Sur, de forma muy parecida como decía a Taiwan y con el apoyo también de EEUU.

Por otro lado los coreanos odian mucho a los japoneses por lo que hicieron con su pueblo durante los años de la ocupación hasta la segunda guerra mundial, esclaviotud y violaciones que aún tienen heridas abiertas en ambas sociedades coreanas y japonesas. Pero bueno centrémonos en la tecnología. Como decía al principio al igual que Taiwán la industria japonesa tuvo algo que ver en el futuro de Taiwán. Había ya empresas japonesas que fueron absorbidas por empresarios locales con el beneplácito de los sucesivos gobiernos que además contaron con importantes préstamos internacionales sobre todo de EEUU para que se desarrollasen y poder hacer así frente a los países comunistas. En esa época surgió algo que se llama en el mundo empresarial los "chaebol". Según la wikipedia.[55]

*"El **chaebol** (en hangul, 재벌; en hanja, 財閥) es un modelo empresarial basado en grandes conglomerados con presencia en distintos sectores económicos, que se ha desarrollado en Corea del Sur. Las compañías que presentan esta peculiaridad se caracterizan por su fuerte crecimiento, desarrollo tecnológico, diversificación y una fuerte dimensión empresarial. La palabra en coreano significa negocio de familia, aunque también se utiliza para referirse a un monopolio.1-El modelo surgió después de la independencia de Corea del Sur, cuando su gobierno otorgó a distintas empresas nacionales un fuerte apoyo político y financiero para que lideraran el despegue económico del país, mediante la inversión en distintos*

55https://es.wikipedia.org/wiki/Chaebol

campos como industria, siderurgia, tecnología y construcción entre otros. La labor de estos grupos contribuyó al crecimiento económico del país en la segunda mitad del siglo XX, hasta situar a Corea del Sur como uno de los "cuatro tigres asiáticos".[2] Algunos ejemplos de chaebol son Samsung, Hyundai, LG, Lotte y SK Group.[34] El chaebol goza de fuerte influencia en la vida social surcoreana, hasta el punto de que algunos cargos procedentes de estas empresas, como Lee Myung-bak, han llegado a la presidencia de la República de Corea.[5] Los detractores de los chaebol critican del modelo su crecimiento durante los regímenes autoritarios de Park Chung-hee y Chun Doo-hwan, la existencia de prácticas contrarias a la ley, falta de transparencia y un supuesto trato de favor de las administraciones surcoreanas, con escándalos de sobornos y corrupción.[678] En los últimos años, el gobierno surcoreano ha tomado medidas para reducir su poder.[4]

"Estos "cahebol" han controlado la política y la economía surcoreana desde entonces, encontraron en los régimenes sus mayores aliados para crecer y sus ramificaciones controlan casi todas las industrias y servicios que de alguna manera bailan al son de EEUU. Actualmente Corea del Sur es líder de las Chip Wars en fabricación de pantallas para móviles, ordenadores, y televisiones (LG, SAMSUNG) y por otro lado es uno de los dos fabricantes mundiales de procesadores y memorias que consiguen fabricar transistores de 5 nm y menos (SAMSUNG).

SAMSUNG

En Corea la empresa que es capaz de tal proeza es Samsung, un conglomerado o chaebol que abarca negocios como la electrónica de consumo, tecnología, finanzas, aseguradoras, construcción, biotecnología y sector servicios. Desde coches a lavadoras pasando por la micro tecnología más avanzada del mundo. Fue fundada en 1938 y pronto se convirtió en el chaebol más importante del país. A día de hoy es la empresa tecnológica más grande del mundo, el segundo mayor constructor naval mundial y así en muchos campos. Su relación con los sucesivos gobiernos es innegable, y han tenido problemas con la justicia que se han solucionado con indultos de los gobiernos de turno.[56]

56 https://es.wikipedia.org/wiki/Samsung#Controversia

CONCLUSIÓN

Las empresas coreanas han apostado abiertamente por defender los intereses de Estados Unidos al igual que Taiwán, y en la Chip Wars están vetando parte del mercado de pantallas y procesadores a China. China desde 2019 como ya he relatado en otros de mis artículos de Chip Wars está intentando sustituir las pantallas coreanas por otras de fabricación nacional al igual que con los procesadores, algo más complejo y que le costará más. Cuando ese día llegue y gracias a los boicots de los pro EEUU China alcanzará su sobreanía tecnológica y será el segundo o tercer país del mundo que podrá hacerlo, antes que Europa o EEUU y todo esto gracias a el fallido intento de EEUU de boicotear a China que ha conseguido justo lo contrario, boicatoear la industria americana.

11. NAUSICAA
LA CIUDAD DE HELIO

Hace mucho tiempo hubo una ciudad que flotaba en el aire, donde sus habitantes disfrutaban de inmensas riquezas y surcaban los aires a placer. Fueron grandes comerciantes y sobrevivieron a todo tipo de invasiones gracias a que literalmente nadie podía atacarlos Eso si, como se mantenían en el aire, nadie sabía, sus naves eran globos, o algo así, pero nadie nunca pudo igualar semejantes vehículos ni antes ni ahora.

Esta ciudad flotante se mantenía, sabemos ahora, gracias a un manantial natural de gas helio. Fue descubierto por sus ancestros tiempo atrás, y enseguida descubrieron que se podían hacer objetos con diseños tal, que usando ese gas podían flotar a voluntad.

Y así estuvieron cientos de años, convirtiéndose en el mayor imperio del aire, y el único, y con esa ventaja, pudieron controlar al resto de países, diseñar las políticas del resto del mundo, manejar los mercados y bazares, transportar mercancías, y en general crear un imperio controlado desde la ciudad flotante. El resto de la humanidad trabajaba para ellos. Incluso muchas civilizaciones los consideraron dioses y todavía hoy perdura su existencia en sus creencias.

Mientras dominaban, y con esa capacidad de mover grandes objetos haciéndolos flotar, desviaron cauces de ríos,construyeron, caminos, y ciudades en tierra, contaminaron ríos con sus minas, para hacer sus barcos y máquinas, y convirtieron los bosques y mares en vertederos y cloacas. Construyeron grandes megápolis en tierra, desde las cuales controlaban al resto de pueblos del mundo con sus leyes y ejércitos. Tenían autómatas que realizaban muchas de sus tareas, robots legendarios que aún a día de hoy nos preguntamos cómo funcionan y si tal vez algún día podremos entenderlos y encenderlos de nuevo.

Pero un dia, asi de repente la fuente de helio dejó de fluir, nadie sabía porqué, tampoco nadie se había preguntado antes qué pasaría si se acabara, estaban demasiado ocupados creciendo y conquistando, y controlando…. pensaban que siempre habría gas para ellos. Cierto es que buscaron otras fuentes de gas, pero no se pq pienso que si la hubiesen tenido la hubiesen usado para llegar más lejos, tener más islas flotantes, controlar más territorios y pueblos.

Y como así hicieron, así perecieron, y sin ese gas no supieron qué hacer, literalmente bajaron de los cielos y el tiempo los enterró y los olvidó.

Tal vez si hubieran sido más precavidos, si hubieran usado el gas de forma racional, tal vez ahora no viviríamos como lo hacemos, sobreviviendo al mundo hostil que dejaron tras de sí, sin ríos, ni animales, ni tierra sana, pero también dicen que es parte del espíritu humano, y que mejor nunca aparezca de nuevo otro manantial, porque en manos de los humanos sería el fin si no lo es ya.

12. EL FIN DE LA MEMORIA 5 PEAK DE LAS MÁQUINAS QUE HACEN MÁQUINAS V1.1

Pues aún quedaban algunos eslabones más que tocar en la saga de El fin de la memoria, hasta ahora habíamos tocado de refilón un poco el tema, pero realmente nos habíamos quedado en las empresas que fabrican el producto final, nos falta tocar lo que hay antes de la fabrica de chips, es decir, las refinerías, las minas, las fundiciones y las máquinas que hacen los chips. En este artículo vamos a hablar de las máquinas, concretamente de Europa y concretamente de Holanda y la empresa ASML.

Para fabricar un semiconductor, ya sea memorias ssd, o microprocesadores, u otros tipos de piezas hacen falta tecnologías capaces de "dibujar" los circuitos a niveles atómicos en placas de silicio, luego como en cada oblea de silicio hay varias copias, se cortan como si fuesen trozos de pastel y se meten en "cajas" o encapsulados, que son los chips que conocemos de las fotos negros con patas.

A la izquierda oblea con varias copias del chip, y a la derecha el chip ya cortado y enfundado o encapsulado en su funda de plástico y sus patitas.

Cualquiera que haya estudiado alguna carrera relacionada con la electrónica, como yo cuando estudié Ingeniería de Telecomunicaciones, teníamos unas prácticas donde hacíamos circuitos. Recuerdo cuando hicimos para aprobar una asignatura un amplificador de sonido. Este sistema requería de 3-4 placas de circuitería y en una de las asignaturas de la carrera nos enseñaban a hacerlo. El proceso era relativamente sencillo, primero teníamos que diseñar el circuito en el ordenador, era como dibujar, dibujas las pistas por donde iba a ir la electricidad, por donde se encontraban con los diferentes elementos electrónicos estas pistas con resistencias, condensadores, diodos etc… como el que dibuja un laberinto para la sección de pasatiempos de un diario.

FOTOLITO

Una vez que tenía el dibujo hecho, se imprimía en papel transparente (invertido los colores), quedando el dibujo impreso y dejando pasar la luz por donde no había tinta.

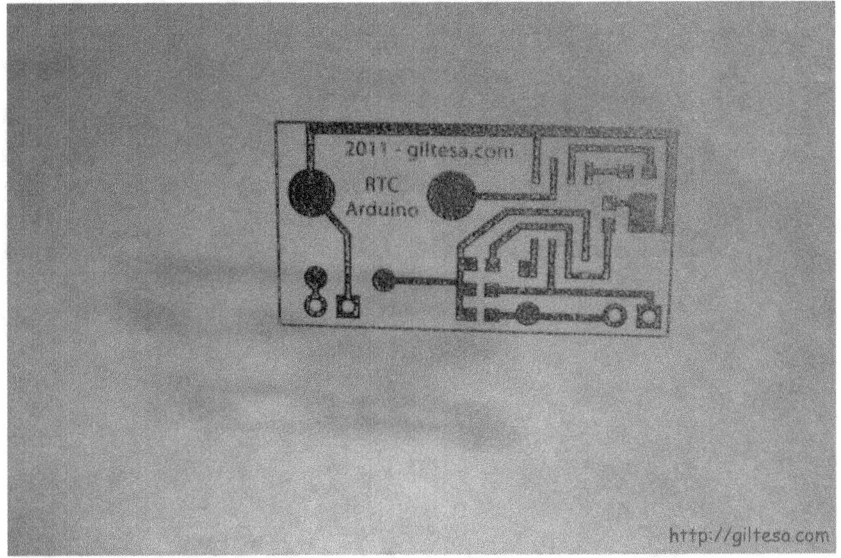

Luego tenemos una plancha de circuito donde hay una fina capa de cobre, se le pone una pegatina fotosensible encima, y encima de esa pegatina fotosensible el negativo que hemos impreso con la impresora.

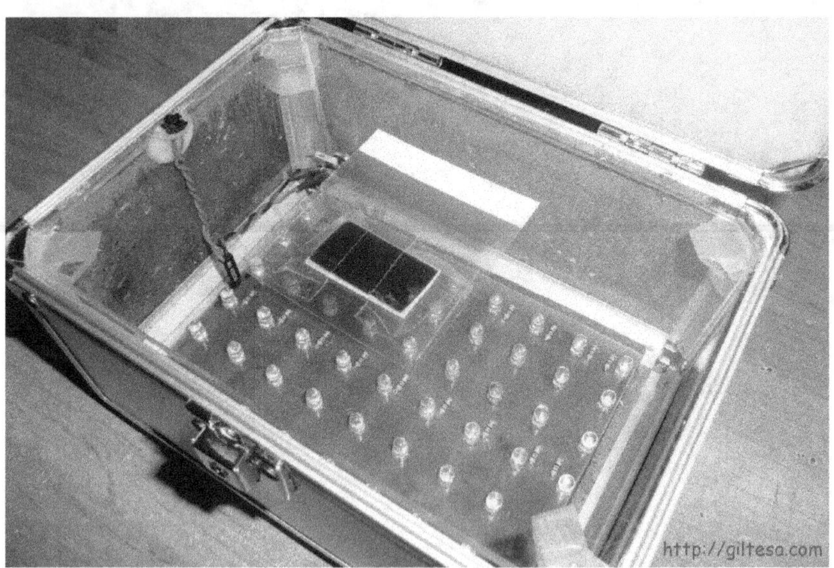

Foto CC-BY Giltesa.

INSOLACIÓN

Luego mediante luz ultravioleta se irradia esa placa de cobre con papel fotosensible y el dibujo en papel transparente y al cabo de un rato este papel fotosensible se ha oscurecido donde le daba la luz.

Foto CC-BY Giltesa.

Lo que ha pasado es que la luz ha cambiado las propiedades del papel y donde le dio la luz se degradó y donde no sigue intacto.

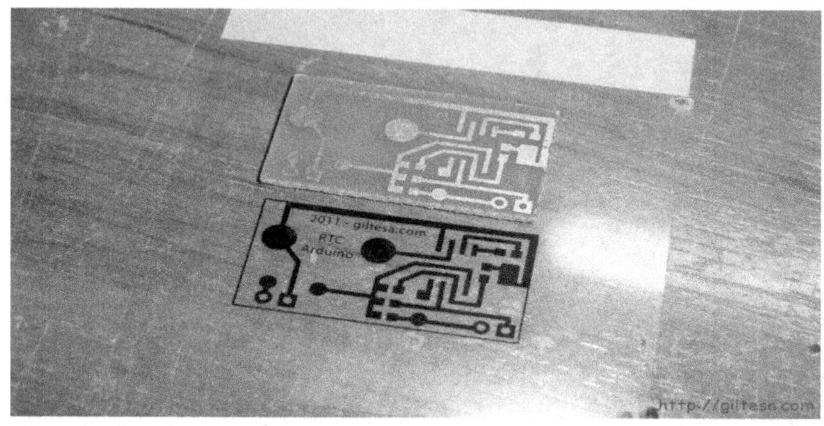

Foto CC-BY Giltesa.

ATACADO

Para acabar, metes la placa de cobre en ácido, y el papel se deshará donde le dió la luz, y al deshacerse tmb accede el ácido al cobre deshaciéndose también, sin embargo donde la pegatina no se degradó el ácido no toca el cobre y se queda, total que al final una vez lo sacas del ácido te a quedado el dibujo que se copió del papel transparente al papel fotosensible y de ahí dibuja al no permitir que el acido toque algunas partes en un dibujo de un circuito.

Al final te queda así:

Esta historia te la cuento porque si has entendido más o menos como se hace un circuito casero te puedo explicar muy por encima como se hace un microprocesador.

Un procesador es un poco más complicado que hacer un circuito, pero la idea es parecida, para hacer procesadores se usa una plancha de silicio sobre la que se dan varias capas de diferentes materiales, luego de forma parecida a como hemos hecho el circuito casero, se usa materiales fotosensibles para dibujar en esta plancha de silicio con diferentes capas.

Un transistor como digo no es tan sencillo que una sola capa de cobre por donde va la electricidad, si no que hay varias capas que se entrecruzan y que cada elemento a veces deja pasar la electricidad otras no a la capa de abajo etc, en fin un poco más complicado pero que si te quedas con la idea de dibujar con luz en material fotosensible puedes llegar a imaginar cómo funciona una impresora de luz para semiconductores.

El sistema funciona como una especie de proyector que dibuja el circuito en la placa a la que luego se le aplican procesos químicos para ir quitando lo que sobra de cada capa y que al final te quede una oblea de silicio con el circuito impreso. Por esto, porque es como proyectar cine, las empresas más famosas de lentes y de proyectores están metidas en los procesos de fabricación de estas máquinas, como Carl-Zeiss de Alemania, o NIkon y Canon de Japón.

Al final una oblea de silicio ya impresa con el "chip", cada cuadradito es un chip, y como ves todo lo del borde se tira y queda tal que así:

Por cierto, las que salen con fallos las venden en ebay y en aliexpress para los fans. Según el sistema de fabricación la tasa de obleas que salen defectuosas puede ser baja o alta, cuanto más pequeños haces los circuitos más probable que te salgan defectuosas (al menos mientras madura la tecnología) y haya que tirarlas, algo muy habitual cuando nos acercamos a procesadores de 10 7 o 5 nm, como digo hay todo un mercado que vende estas obleas defectuosas para adornar tu habitación.

La forma circular es porque para fabricar el silicio ultrapuro te salen como unos kebabs de silicio que giran sobre si mismos para quitar impurezas y que se enfrie de forma homogénea al que luego lo vas cortando haciendo como discos o obleas, como el que corta una barra de pan. En este vídeo de Intel te explican muy bien en 3d como se hace el "churro" de silicio y como luego se corta en rodajas.

https://www.youtube.com/watch?v=tcQ0R24UbL0

Pues bien, una vez que tenemos un poco más claro cómo se hace un circuito integrado nos ponemos a hablar de lo que hay actualmente 2020 en el mercado. Como ya conté en El fin de la memoria 1, Procesadores el mundo de los procesadores se está quedando en muy poquitas empresas que fabrican procesadores de menos de 10 nm, actualmente sólo TSMC en Taiwán y Samsung en Corea del Sur, por ahora ni China, ni Europa, ni Japón ni Estados Unidos pueden hacerlo. Para hacerlo hacen falta unas instalaciones muy muy complejas, libres de cualquier tipo de contaminación, con unas medidas muy concretas y unas máquinas muy muy caras.

La máquina más importante de este proceso de hacer procesadores es la máquina de litografía, es decir la que como si de un proyector se tratase proyecta el diseño del circuito en la oblea de silicio para que mediante procesos químico-ópticos se quede dibujado el procesador en el disco de silicio. Cuanto más pequeño sea el dibujo, más pequeño será el procesador. Pero claro todo tiene un límite, hace años, hasta una bombilla podría servir para que la luz dibujara el circuito como explicaba al principio del artículo, pero ahora, teniendo en cuenta que estamos dibujando con luz objetos del tamaño de átomos, ya no es tarea fácil el tipo de luz, su frecuencia, la lente que dispara los fotones etc tienen que funcionar a niveles atómicos. Hasta tal punto es complicado, que como pasaba con el número de fábricas que hacían procesadores el número de fábricas que pueden hacer máquinas capaces de proyectar este tipo de circuitos es básicamente una o dos en todo el mundo.

Hasta la actual generación de procesadores, en Japón empresas como NIkon o Canon podían competir para imprimir circuitos de hasta 10-50nm. Pero en los últimos años, una empresa llamada ASML, y cuya sede está en Holanda, se está haciendo con la práctica totalidad del mercado (80% por ahora), pues son los únicos que pueden fabricar la óptica y maquinaria necesaria llamada EUV litography, o litografía ultravioleta extrema de última generación.[57]

Hasta 1989, eran las empresas japonesas las que controlaban el "state of art" de la fabricación de máquinas de litografía, y desde 1989 era la empresa americana Applied Materials con sede en California. Pero llegaron las siguientes generaciones y sobre todo la última generación de procesadores de 7 y 5 nm y EEUU se ha quedado totalmente fuera de juego perdiendo casi todo el mercado que cosas de la vida ha sido esta empresa europea la que ha cogido el relevo llevando a europa de nuevo a la partida. Para hacerse una idea, al año se vendían en 2017 unas 300 máquinas de este

[57] https://es.wikipedia.org/wiki/Litograf%C3%ADa_ultravioleta_extrema

tipo, de las que ya 197 eran de ASML, pero es que a día de hoy el 100% de las de última generación EUV son de ASML y el 80% de la generación anterior.[58] Por cierto podría ser que la política de EEUU de hacer boicot comercial y tecnológico a China haya impulsado a otros países o vender a China, pues es China quien está comprando más máquinas de litografía, no necesariamente de última generación y estas ventas no se están llevando a cabo por parte de empresas americanas. Y es que este tipo de boicots que está llevando EEUU con la clara intención de frenar a China podrían estar frenando realmente a EEUU y potenciando a otras empresas que nunca habrían entrado a vender productos a China al ser de menor calidad que los de EEUU, cosas de la vida. Esta máquina cuyo precio puede perfectamente ser de entre 100 y 200 millones de euros por unidad permite hacer los diseños de chips de 5 y 7 nm que en 2020 son lo máximo tecnológicamente. En su página web explican como se llaman estas máquinas.[59] La TWINSCAN NXE:3400B y es algo así.

58   https://www.marketwatch.com/press-release/lithography-equipment-market-share-detailed-analysis-of-current-industry-figures-with-forecasts-growth-by-2026-2020-08-03

59   https://www.asml.com/en/products/euv-lithography-systems/twinscan-nxe3400b

Es curioso que en Europa que hace décadas que perdimos la carrera tecnológica de fabricaciño de chips pequeños, tengamos sin embargo la única industria del mundo capaz de fabricar las máquinas que hacen que en Taiwan, EEUU o Corea del Sur puedan hacer los codiciados procesadores.

Y volviendo a la fragilidad de todo fijaros , sólo una empresa del mundo, solo una puede hacer estas máquinas. Esto provoca que cualquier venta de esta empresa a cualquier país se convierta en una cuestión de estado. En 2018, Estados Unidos inició una campaña diplomatica para impedir que esta empresa europea vendiese sus máquinas a China, concretamente a SMIC, y aunque no tienen jurisdicción en Europa, algo que les tiene que dar mucha mucha grima a los americanos, pero sí tienen cierto control diplomático y por ahora consiguieron bloquear estas ventas a China por motivos de seguridad mundial para impedir según EEUU que China pueda fabricar procesadores que ponga en peligro la paz mundial. Y así de sencillo es, cuando una sola empresa tiene el monopolio, un gobierno dice a este no, a este si, y el mundo digital completamente controlado.

Por otro lado el I+D es tan caro, y llegar a crear tal bicho es tan difícil y caro, que las propias empresas que fabrican los chips como TSMC, SAMSUNG e INTEL, tienen que invertir dinero en esta empresa para que pueda hacer las máquinas para luego poder comprarla. Nadie más, ni Estados Unidos ni China han podido crear esta máquina, por eso esta empresa holandesa vale más en bolsa que IBM y casi tiene el mismo precio que Tesla. Básicamente si esta empresa no hubiera podido sacar la nueva generación de máquinas, toda la industria mundial de microchips se hubiera quedado al fin atascada y habría llegado a lo que ya llamé en mis artículos el PEAK PROCESSING. De hecho en lo que a movimiento de dinero se refiere, se podría afirmar que en 2018 el negocio de las máquinas que hacen integrados llegó a su PEAK. Otro PEAK del que nadie habla como cuando hablé del Peak Memory[60] y como fue ya en 2008 en lo que a unidades vendidas el pico y en lo que a almacenamiento total llegando ya. De hecho

60 https://www.felixmoreno.com/es/PEAK_MEMORY_2.html

ASML llegó a su pico de ingresos en 2009, y desde 2014 bajan poco a poco aunque sean líderes. Parece que 2008-2009 fue el pico de casi todo[61].

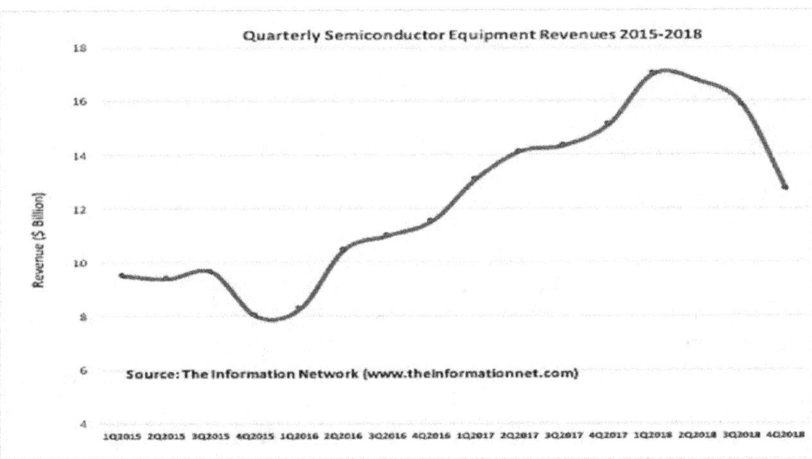

semiwiki.com.[62]

Y en este extraño momento estamos, donde sólo una empresa del mundo, en la que confían las pocas empresas que pueden usarlas para hacer los chips más pequeños de la nueva generación de chips. Si fuese optimista diría que no pasa nada, que seguro que en los próximos años alguien mejora más el proceso, y aún nos quedan muchas generaciones de procesadores cada vez más pequeños y cada vez más potentes…

Pero como no lo soy, pienso que nada dura para siempre, y teniendo en cuenta que la energía se empieza a acabar y además estamos llegando a los límites de miniaturización que ya chocan con el tamaño de los átomos, probablemente estemos ante el final de la ley de moore, y de los procesadores cada vez más pequeños y rápidos.

---

61   https://www.marketwatch.com/press-release/lithography-equipment-market-share-detailed-analysis-of-current-industry-figures-with-forecasts-growth-by-2026-2020-08-03

62   https://semiwiki.com/semiconductor-services/7893-changes-coming-at-the-top-in-semiconductor-equipment-ranking/

Además la caída de la demanda presente y futura que lleva desde 2008 lastrando el mundo tecnológico hace que las inversiones billonarias se midan con cuentagotas con lo que no hay suficiente negocio para el I+D necesario.

¿que podría haber después?

Pues el tema es que si realmente hemos llegado al peak del petróleo y por tanto al fin de tener más energía cada año de las sociedades mundiales, poco… pero mientras… pues tal vez procesadores pensados para una única tarea, o meter muchos procesadores para unicas tareas en un mismo pc, como se hace ahora para las tarjetas gráficas, pero tal vez procesadores para inteligencia artificial, junto con procesadores normales, junto con procesadores para otros cálculos todo con un tamaño de transistor ya estancado…. pero bueno el tiempo dirá… por ahora en 2020 es lo que hay… y así te lo he contado.

13. EL FIN DE LA MEMORIA 6 PEAK PHONES v 1.5

Continuando con la hornada de artículos de El fin de la memoria, vamos a analizar el mercado de los teléfonos móviles. ¿habremos llegado a su peak? La verdad es que es una información fácil de encontrar y este artículo , enseguida descubrimos que el pico de los teléfonos móviles a nivel mundial fue en 2016-2017, y desde entonces hemos empezado un lento por ahora decrecer en unidades fabricadas.

Parece ser que al menos por ahora, la gente está empezando a alargar la vida de sus móviles y no está reponiéndolos al mismo ritmo sino que cada vez los reponen más lentamente con lo que el mercado ha de fabricar menos móviles, de hecho estas son cifras de mòviles fabricados, no vendidos, llegará el momento en que hayan stocks de sobra y quién sabe, tal vez toque destruir móviles nuevos para animar a los compradores a comprar productos nuevos y que no bajen los precios, por ejemplo porque no tienen 5G y ahora se lleva el 5G, que pienso es una excusa para salvar el sector.

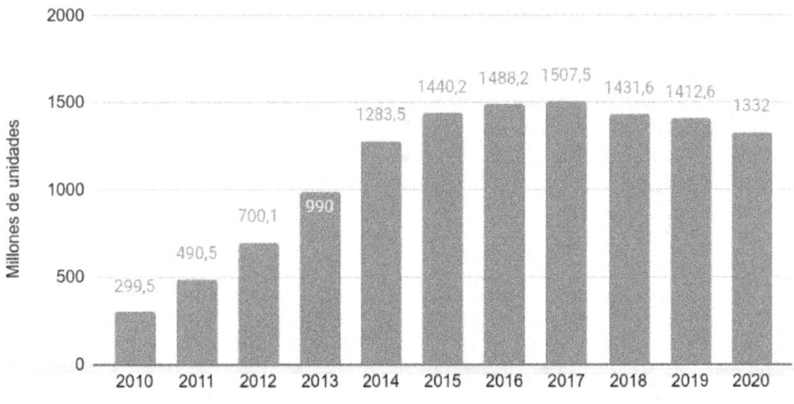

Gráfica CC BY Felix Moreno. 2021-03 www.felixmoreno.com

Por otro lado es probable que también pase lo contrario, que suba el precio de los mismos pues al haber menos demanda los márgenes se reduzcan y toque subir precios para recuperar gastos. Ya en 2021, ha subido el precio medio de los móviles un 15%, hablan de mucha demanda después de la crisis del coronavirus, pero lo cierto es que las ventas son menores que en 2019. Además ya estamos dispuestos a pagar más de 1000 dólares por un móvil tope de gama. También pienso que las Chip Wars[63] entre EEUU y China van a reducir la oferta, y subir los costes al dejar las ventas de fabricantes chinos fuera de China muy tocadas con la guerra al fabricante de móviles Huawei y estar intentando bloquear al fabricante de chips SMIC.

En 2019 antes de llevar la guerra de EEUU a CHINA y Huawei hasta donde está hoy esta eran las cifras de cada fabricante.

1. Samsung: 295,1 millones (20,9 %). COREA DEL SUR

2. Huawei: 240,5 millones (17 %). CHINA

3. Apple: 197,4 millones (14 %). EEUU

4. Xiaomi: 124, 8 millones (8,8 %). CHINA

5. Oppo: 115,1 millones (8,1 %). CHINA

En el TOP 5 3 empresas chinas en 2019, y Huawei de camino a convertirse en el mayor fabricante de móviles del mundo. Obviamente todo esto no podía pasar, y EEUU ha hecho lo imposible para proteger a Apple, y al país amigo Corea del Sur para que China no siga creciendo. De todo esto hablo en Chip Wars 3 - China , SMIC y Huawei. De hecho otra posible lista para lo que está por venir en 2020-22 sería algo tal que:

- Samsung: COREA DEL SUR

- Huawei. CHINA

- Oppo: . CHINA

- Apple: . EEUU

63 https://www.felixmoreno.com/es/index/120_0_chip_wars_2arm_procesadores_y_propiedad _intelectual.html

- Xiaomi:. CHINA

Esta lista de elaboración propia me baso en que Oppo son varias marcas (OPPO, Vivo, OnePlus, IMOO y Vsun) que juntas ya superan a Apple, con lo que Apple pasaría a 4 lugar y pisándole los talones Xiaomi que todavía no está sufriendo las consecuencias de la CHIP WARS, pero que con el movimiento de ARM y su IP para EEUU, junto con los posibles vetos a SMIC que fabrica parte de sus procesadores podría frenar también su crecimiento. Otra cosa curiosa es que de los 1400 millones de móviles que se fabrican al año ya son sólo 5 compañías las que se llevan 1000 millones dejando los otros 400 para el resto. Sobre esto es obvio pronosticar que pronto sólo quedarán estas 4-5 empresas y que el resto irán cayendo en el olvido digital. Daría para otro artículo seguir la evolución y ventas de las distintas compañías desde los años 90, pero si que puedo afirmar que hemos pasado de un mercado lleno de posibilidades, marcas y modelos a una concentración sería que aún no es comparable a la de microprocesadores o sistemas de almacenamiento pero que va de camino. Y es que para acabar recordar que si hemos llegado al pico del petróleo, todo lo que se fabrique con petróleo y que ya tenga un mercado maduro donde un crecimiento abultado no es posible sufrirá un irremediable descenso de producción según se vaya agotando como digo la energía disponible. Empezará en casa de los consumidores que se irán quitando poco a poco lujos según sus ingresos mermán, y de la misma forma las fábricas irán reduciendo su producción, cerrando las más pequeñas, creando monopolios, o duopolios tarde o temprano como está pasando ya con los discos duros, microprocesadores etc que he ido comentando en mis otros artículos de el fin de la memoria. Os dejo con dos gráficas actualizadas a 2021 de la evolución de las ventas durante la pandemia del coronavirus.

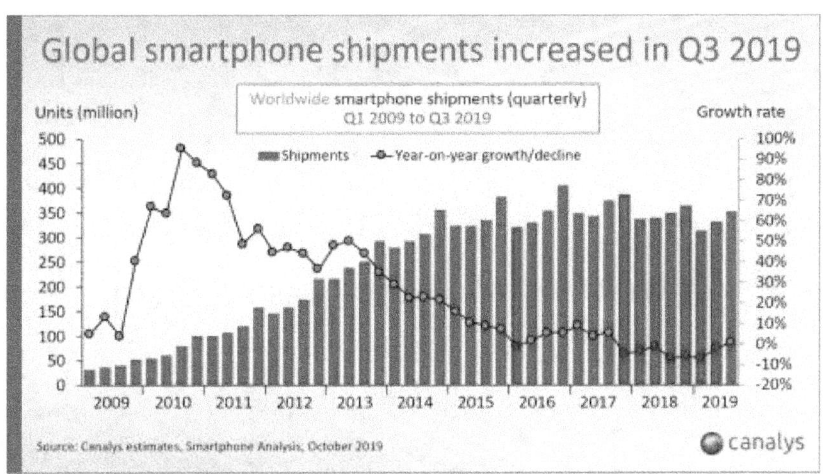

Fuente consultora Canalys.

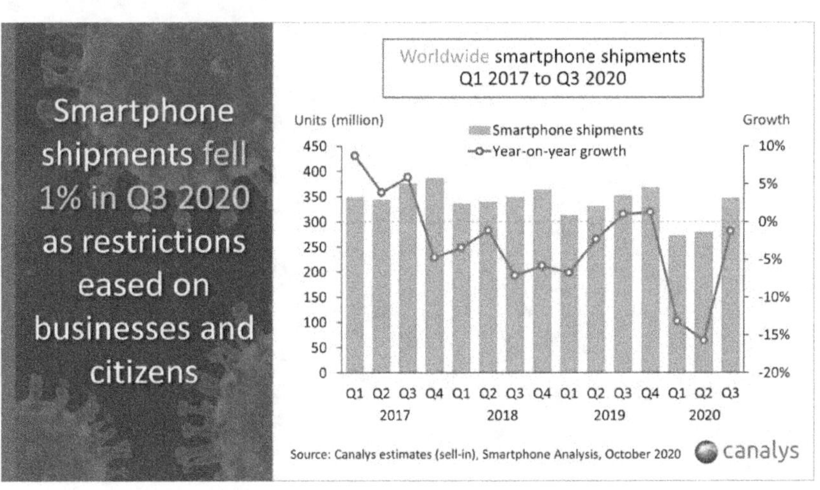

14. EL FIN DE LA MEMORIA 7 PEAK CLOUD V1.2

A lo largo de mis artículos y libros sobre El fin de la memoria[64] he ido desgranando la realidad sobre la manufactura de los componentes que componen la sociedad de la información. El término PEAK o pico de producción se refiere al momento en el que se produce algo en menor cantidad que el momento anterior, cuando hemos llegado al máximo de producción. En nuestra sociedad el PEAK de casi todo irá o ya va ligado al PEAK del petróleo, carbón y gas natural, pues es lo que usamos para fabricar cosas. Una cosa que parece que no acaba de calar en la sociedad es que en el mundo de la tecnología hay ya pocas cosas que sigan creciendo, algo inevitable obviamente en un entorno donde la energía cada vez será más

64 https://www.felixmoreno.com/el-fin-de-la-memoria-1-el-futuro-de-la-informatica-PEAK-COMPUTING/

escasa. Parece que todo es infinito y no para de crecer y que cada vez vivimos en un mundo más tecnológico y sin embargo las cifras dicen otras cosas. Por cierto en todos estos estudios se omite el coste de fabricación, instalación y renovación de equipos que pasa cada 5 años y de El coste civilizatorio[65] del que ya he escrito algunos artículos.

Predije que en un futuro habrá un Peak Memory[66], o máximo de capacidad de almacenar datos, un Peak Computing[67] o máxima capacidad computacional de la humanidad, que todavía no ha llegado (o no tengo datos suficientes aún tal vez sí) pero la tendencia es más que clara, y además con este 2020 de epidemia y de Peak Oil[68] probablemente esté ya casi ahí. Es inevitable, no se puede desligar la energía disponible de la manufactura de cosas. También he hablado en otros artículos sobre los ya conocidos y demostrables PEAK PHONE, PEAK MÁQUINAS QUE HACEN PROCESADORES Y MEMORIAS, PEAK ORDENADORES, PEAK MEDIOS DE ALMACENAMIENTO etc, todos estos son pruebas irrefutables en los reportes de resultados anuales de los fabricantes de estos dispositivos.

Hoy quiero añadir otro PEAK más que sería el PEAK CLOUD, es decir el momento en que la nube deje de crecer. Ya he tocado un poco este tema pero sin localizar el PEAK, porque en el fondo también tiene relación con el PEAK MEMORY, PEAK COMPUTING y PEAK NET. El tema es que no hace falta hacer un estudio científico para saber que todo tiene un pico, que tarde o temprano la nube dejará de crecer, al igual que dejó de crecer casi todo lo relacionado con la informática la década de 2010 a 2020. Cuando será pues no lo se seguro, pero teniendo en cuenta que el PEAK

65https://www.felixmoreno.com/es/index/131_0_el_coste_civilizatorio.html

66Peak Memory 2 Chip Wars, la guerra fría tecnológica entre EEUU y China ISBN: 979-8567242865

67https://www.felixmoreno.com/el-fin-de-la-memoria-1-el-futuro-de-la-informatica-PEAK-COMPUTING/

68https://crashoil.blogspot.com/2019/11/explicando-el-peak-oil-de-manera.html

DEL PETRÓLEO ya es oficial, es una cuenta atrás y además seguirá desde mi punto de vista un decrecimiento exponencial inverso más rápido que el del petróleo, pero esto son solo conjeturas mías al entender que la complejidad respecto a fabricar algo sencillo aumenta órdenes de magnitud su consumo para fabricar y por lo tanto a menos energía lo mismo pero inverso.

De hecho este 2020 me ha llegado un estudio donde se habla de eficiencia de los data centers, y como la eficiencia está haciendo que la nube no consuma tanto, algo que se está usando como patada frontal voladora para los agoreros del colapso y de que internet no para de consumir recursos. Cuando me puse a indagar sobre este paper científico, me puse a revisar los datos que ya tenía cuando hablé del Peak Net[69] y el consumo energético de los datacenters.

¿Y sabéis que? Algo había cambiado. La misma web de Google que usé para informarme de datos concretos de consumo, ahora daba datos de tachán tachán, eficiencia energética. El año pasado que iban más del rollo de que la energía consumida fuese de fuentes renovables. El dogma ya no es sustituir fósiles por renovables, sino eficiencia y claro todo me hizo preguntarme ¿por qué?. El estudio que han sido noticia este año sobre el consumo y la eficiencia de los datacenter es este Recalibrating global data center energy-use estimates [70] y la consiguiente noticia Study: Data Centers Responsible for 1 Percent of All Electricity Consumed Worldwide.[71] Este estudio insistía mucho en refutar dos anteriores que se han usado mucho para criticar el futuro de la red. Este de 2015 On Global Electricity Usage of Communication Technology: Trends to 2030[72] y este de 2018 Assessing ICT global emissions footprint: Trends to 2040 & recommendations[73] El argumento central de los nuevos estudios del año 2020 es que la eficiencia

69 https://www.felixmoreno.com/el-fin-de-la-memoria-3-internet-peak-net/

70 https://science.sciencemag.org/content/367/6481/984

71 https://www.datacenterknowledge.com/energy/study-data-centers-responsible-1-percent-all-electricity-consumed-worldwide

72 https://www.mdpi.com/2078-1547/6/1/117

"claramente" está haciendo que el consumo de los datacenter no crezca (tanto, pero crece)… o eso dicen. Parece ser que están comparando consumo de años anteriores con los de 2019 y 2020. Por otro lado los estudios de 2015 y 2018 afirmaban que la energía consumida no pararía de crecer hasta ser el 20 o el 30% del consumo mundial. Y esto de la eficiencia de los nuevos estudios puede parecer lógico… así de primeras, si la eficiencia mejora, obviamente tendremos más con menos… explicación obvia… ¿verdad? Pero el tema es que esto casi nunca es así. Es decir a más eficiencia con la misma energía siempre se genera más gasto de energía y recursos. ¿por qué? Porque quieres hacer más cosas, nunca te conformas con quedarte como estás. A esto se le llama paradoja de Jevons. Y mientras haya energía de sobra, cualquier infraestructura o manufactura al hacerse más eficiente hace que se fabrique mucho más.

Entonces, ¿dónde está el truco? Porque hace unos años pensaban que internet acabaría gastando cada vez más y más energía y ahora dicen que la cosa está creciendo pero de forma más moderada debido a la eficiencia energética. Desde mi punto de vista ambos puntos de vista obvian lo más importante , la energía disponible y su evolución pasada presente y futura. Aunque hay otras posibles opciones. Primero podría ser que realmente no esté bajando el consumo de los datacenters, es decir que aparte de la nube convencional ahora tenemos la nube para inteligencia artificial, y la nube para minería de criptomonedas y que tal vez estos estudios no incluyen eso en sus cálculos o que son equivocados y que siga Jevons al rescate, como sugieren expertos que han opinado al respecto de estos nuevos estudios. De hecho el consumo de la nube de google no ha dejado de crecer, por mucha eficiencia energética que haya habido, (aún ando buscando los datos de 2019 y 2020 a ver si hay estancamiento) estos son los datos hasta 2018. Como dije al principio estos datos ya no los encuentro en su web, ahora sólo hablan de lo eficientes que son sus datacenters, pero en 2018 estaban orgullosos de sus Twh con energías renovables.

73 https://www.sciencedirect.com/science/article/abs/pii/S095965261733233X#

Otra opción es que hayamos llegado al PEAK CLOUD, es decir que ya no haya más necesidad de hacer crecer físicamente más la nube. Que no se creen nuevos datacenters, y que los que hay vayan renovando poco a poco sus equipos con equipos más eficientes energéticamente hablando, o incluso cerrando debido a una concentración en pocas manos de casi toda la red. Todo esto ya lo advertía en el PEAK NET. Algo que ya pasó en discos duros, memorias ssd, y otros elementos de la red, esta concentración hace que haya menos empresas, que estas crezcan un poco pero siempre acaban reduciendo la oferta final total al morir la competencia por la reducción del pastel a repartir. Por cierto al usar porcentajes no acabamos de saber en la siguiente gráfica si aumenta o se reduce el número de máquinas o servidores, son solo porcentajes.

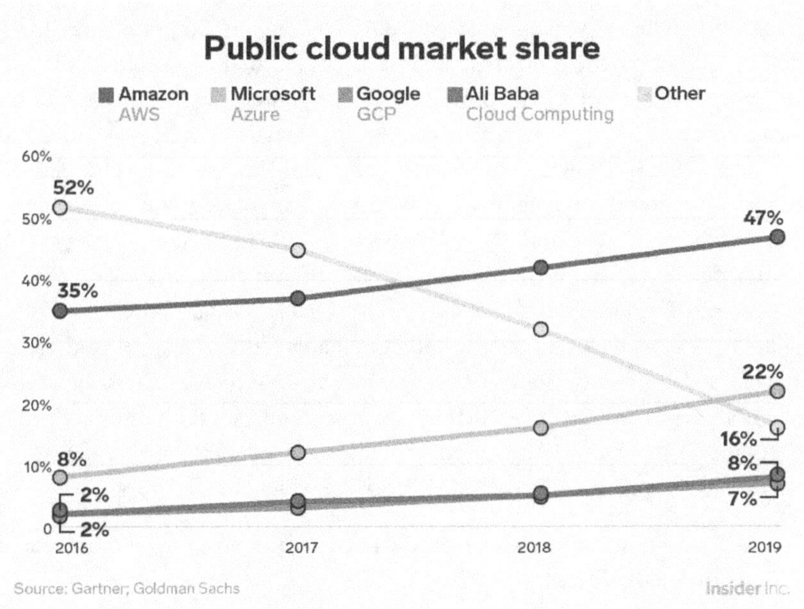

Obviamente esto no lo dicen esos estudios, sino que achacan

únicamente a la eficiencia la reducción de consumo y no a una causalidad de momento de decrecimiento con la eficiencia actual.

Es decir que la eficiencia de los equipos informáticos lleva aumentando desde el dia que se inventó la informática (Ley de Moore), pero es ahora en el pico tecnológico y de petróleo cuando achacan la reducción de consumo a la eficiencia, el resto del tiempo la eficiencia aumentaba pero el consumo no bajaba (Ley de Jevons).

Pero esta segunda opción de que estamos en el pico no es sólo una conjetura, es decir, con todos los datos que he ido publicando en mi saga de El fin de la memoria, se puede ver claramente que cada vez se fabrican menos ordenadores, y menos discos duros, y menos chips es inevitable entender que esto debe afectar también a los datacenters. De sólo hecho me falta por analizar más en profundidad los números reales de ventas procesadores, pues en mi primer artículo PEAK MEMORY MICROPROCESADORES, sólamente conjeturaba sobre la posibilidad de que tarde o temprano lleguemos a ese PEAK, pero sobre el almacenamiento están todos los datos aquí PEAK MEDIOS DE ALMACENAMIENTO. Además desde que escribí PEAK COMPUTING muchas cosas han pasado. Ya son sólo 2 fabricantes (TSMC y SAMSUNG) los que pueden fabricar chips de 5 nm cuando en 2019 estábamos hablando de 10nm y que ya se estaban quedando atrás muchísimas fundiciones. También estamos viendo el derrumbamiento de Intel ante AMD y los procesadores ARM. Intel la que ha controlado el mercado de procesadores desde su invención en los años 70. Pero de todo eso hablaré en el PEAK PROCESADORES.

Este nuevo estudio que es de pago y que sólo he podido leer a través de los medios dice:

"The 2016 study found that in the US, data center energy consumption grew by 4 percent between 2010 and 2014. That's after it grew 24 percent in the preceding 5 years, and nearly 90 percent between 2000 and 2005."

"Servers, storage, and network hardware on its own consumed more energy in 2018 (130TWh) than it did in 2010 (92TWh). But these devices use energy much more efficiently now than they did a decade ago, meaning a lot more computing for every 1Wh used." [74]

Donde se ve un descenso del crecimiento porcentual de consumo y aún así el consumo sigue creciendo. Lo que ellos llaman una reducción de la velocidad del crecimiento en el consumo, yo lo llamo un estancamiento y aproximación al PEAK de la nube, algo obvio si se analizan los pedidos reales de discos duros, memorias, y reducción de producción de material informático mundial que está pasando durante toda la década de 2010 a 2020.[75] Si la eficiencia realmente fuese un factor no habría crecido la producción hasta 2010, sino que estaría estancada desde los años 80, pero la realidad es que mientras ha habido energía que desde mi punto de vista ha sido hasta 2009 la red y la informática no ha parado de crecer, y desde entonces casi todo está llegando a sus pico y está empezando un lento por ahora descenso o decrecimiento que desde mi punto de vista insisto acabará siendo muy brusco pronto.

Estamos viviendo un momento extraño donde la tecnología se está centralizando en unas pocas empresas y se está literalmente sacando los datos y servicios de empresas, ayuntamientos y hogares para acabar decreciendo y centralizando en unos puntos concretos del planeta. De hecho para mi las nubes de google, microsoft o amazon son un claro ejemplo de decrecimiento y centralización. Casi todas las empresas y estados del mundo,están moviendo sus datos y centralizandolos en estas nubes privadas. A su vez las empresas están dejando de comprar ordenadores, discos duros, memorias con lo que el mercado se reduce. Los fabricantes por otro lado están viendo cómo sus clientes son cada vez menos y sobre todos son estas

74   https://www.datacenterknowledge.com/energy/study-data-centers-responsible-1-percent-all-electricity-consumed-worldwide

75 Peak Memory 2 Chip Wars, la guerra fría tecnológica entre EEUU y China, Felix Moreno ISBN: 979-8567242865

empresas de la nube como decía en mi relato de EL FIN DE LA MEMORIA 4 EL FUTURO. La nube será controlada por 4-5 empresas en todo el mundo que tendrán una cantidad importante de datos, pero mucho más pequeña de lo que fue el año 2010 en lo que a número de ordenadores, unidades de almacenamiento etc. Es probable que estas empresas de la nube acaben comprando a los fabricantes de chips y memorias para autoabastecerse a ellos mientras el resto empezaremos a usar ordenadores y móviles cada vez más viejos para acceder a sus nubes. O tal vez nos los provean ellos, algo que ya casi es así si piensas en la nube de Apple (iphones, ipads), Amazon (kindles varios) o Google (ecosistema android) y no tenemos a Microsoft porque fracasó con sus móviles.

Es decir hay un claro decrecimiento tecnológico ya en marcha que no ha hecho más que empezar, para nada relacionado con la eficiencia sino más bien con la escasez energética que empezó desde mi punto de vista cuando se llegó realmente al pico del petróleo en la década de 2000-2010 y cuya década posterior 2010-2020 es solo la primera de muchas de decrecimiento tecnológico.

Y para acabar llega el baile del sambito de los porcentajes. En muchos artículos de prensa se habla de porcentajes, de energía, de ordenadores y consumo de internet. Hay que tener mucho cuidado con mezclar porcentajes en cosas que cambian cada año sus valores reales. No es lo mismo un 2% de energía en 2010 que un 2% en 2020, pueden ser valores increíblemente dispares, entonces cuando comparas una cosa que su valor cambia mucho año a año con otra cosa cuyo valor cambia año a año como el consumo de internet no se puede afirmar que ahora internet consume menos en porcentaje que en 2010, porque tal vez consuma mucho mas en realidad. De hecho si por ejemplo la energía primaria se empieza a reducir drásticamente pero los gobiernos deciden que internet hay que salvarlo, consumiendo internet menos energía que ahora podría ser el 50% de la energía primaria, y no el 2-5% según fuentes.

15. GAIA LA ASESINA IMPLACABLE

Últimamente estoy viendo que la gente se viene arriba con lo de Gaia. Para los que no saben de qué hablo como siempre tiro de wikipedia.

"La hipótesis Gaia es un modelo interpretativo que afirma que la presencia de la vida en la Tierra fomenta unas condiciones adecuadas para el mantenimiento de la biosfera.[1] Según la hipótesis Gaia, la atmósfera y la parte superficial del planeta Tierra se comportan como un sistema donde la vida, su componente característico, se encarga de autorregular sus condiciones esenciales tales como la temperatura, composición química y salinidad en el caso de los océanos. Gaia se comportaría como un sistema autorregulado (que tiende al equilibrio)."

Con esta definición las personas espirituales, o las que les gusta lo inaccesible, o los que ven patrones divinos donde no los hay y que igual te hablan de cuántico que de la pachamama en la misma frase te explican que con esta teoría "demostrada científicamente" (su teoría no la verdadera) la vida está interconectada espiritualmente más allá de nuestro conocimiento y que debemos respetarnos etc… en fin que me parece bien que estas personas vivan así y fijo que su mundo ideal es mejor en algunos aspectos al actual, pero es que ni siquiera es exactamente lo que querían decir los científicos que hablaron de esta hipótesis.

Por otro lado está la ciencia, que estudiando la vida actual en la tierra, y la atmósfera, composición química de la corteza, mares etc, parece según muchos estudios, que el conjunto de la vida, los pequeños sistemas vivos trabajando entre ellos todos a la vez parece que influyen en generar una estabilidad en la atmósfera y la corteza terrestre que les beneficia para seguir existiendo. Es decir que la misma vida y tierra "se protegen a sí mismos".

El tema es que no dudo de que esos estudios sean ciertos. Pero si que me gustaría hablar de la implicación filosófica que parece que algunos científicos y los magufos extraen de todo esto. Repasemos un par de momentos pasados de la vida de Gaia.

La gran oxidación.[76]

"La Gran Oxidación (GOE por sus siglas en inglés, también llamado Catástrofe de Oxígeno, Crisis de Oxígeno, Holocausto de Oxígeno o Revolución de Oxígeno) fue un cambio medioambiental muy importante que ocurrió probablemente sobre el período Sidérico al comienzo del Paleoproterozoico, hace alrededor de 2400 millones de años.[2] Los primeros organismos fotosintéticos realizaban la fotosíntesis anoxigénica, en la cual no se desprende dioxígeno, tal como hacen en la actualidad las bacterias verdes del azufre y no del azufre, y las bacterias púrpura. Cuando surgieron los primeros organismos capaces de realizar la fotosíntesis oxigénica (las cianobacterias) hace unos 2800 millones de años, se empezó a producir oxígeno molecular (O_2) en grandes cantidades.[3] La emisión de dioxígeno (O_2) al medio ambiente eventualmente provocó una crisis ecológica (extinción masiva) para la biodiversidad de la época, pues el dioxígeno es tóxico para los microorganismos anaerobios dominantes entonces.[4]"

76https://es.wikipedia.org/wiki/Gran_Oxidaci%C3%B3n

Pues sí, hubo un mundo donde el oxígeno era veneno para casi todos los seres vivos, muchos de los cuales estaban muy agusto en atmósferas con metano… vivían tan felices hasta que una forma de vida le dio por hacer la fotosíntesis en el mar, aprovechar la radiación solar y llenar el planeta de oxígeno… exterminando o reduciendo a su mínima expresión a la vida previa. Este evento de gran oxidación cambió también la química de la tierra oxidando la corteza durante millones de años. Esa GAIA fue reemplazada por la nueva GAIA con diferente atmósfera y reglas de juego para la vida que vino después. También pasó lo mismo al revés, después de que GAIA tuviese plantas más evolucionadas en la superficie…, copio y pego de la wikipedia.

Extinción masiva del Devónico[77]

"La aparición de plantas de mayor talla provocó a su vez un aumento en el tamaño de las raíces, lo que intensificó el proceso de formación de suelos o pedogénesis.[85] También contribuyó a ello la aparición de las semillas, que propició que las plantas pudieran ocupar nuevos hábitats.[85] Estos cambios en la evolución de los suelos influyeron en los procesos de meteorización, alteraron el ciclo hidrológico, las tasas de sedimentación y produjeron un descenso de la cantidad de dióxido de carbono (CO_2) presente en la atmósfera.[85] Debido a la intensa meteorización química, aumentó la cantidad de nutrientes que llegaban al agua. El proceso de eutrofización resultó en un incremento de organismos acuáticos,[3] que explicaría el origen de las condiciones de anoxia en los océanos del Devónico. Además, la pérdida de CO_2 de la atmósfera es consistente con el enfriamiento global.[3] Este modelo es válido para explicar las extinciones del Frasniense-Fameniense y del Fameniense-Misisipiense. "

Obviamente estas no son las únicas extinciones que ha habido, y además como esto es ciencia nunca se puede afirmar rotundamente que estén claros realmente los factores que provocaron estas extinciones, con esto ahora me toca filosofar… pero visto así, ¿no es cruel destruirlo todo para empezar de nuevo?

[77]https://es.wikipedia.org/wiki/Extinci%C3%B3n_masiva_del_Dev%C3%B3nico

FILOSOFANDO SOBRE GAIA

Para los que piensan que hay cierta intencionalidad en GAIA, pues eso que igual es intencionalidad desde un punto de vista humano buena o mala… aunque realmente da igual. ¿Cual GAIA es la buena o la original? ¿la que tenía metano de atmósfera, la que no tenía árboles en la superficie, o la actual? ¿son cada versión de GAIA la misma GAIA? No no dudo de que la ciencia pueda demostrar que haya ciertos equilibrios debidos a la interacción de la vida con el planeta, pero desde mi punto de vista esa GAIA realmente no tiene como objetivo el equilibrio, no hay un porque, hubo otras versiones tiene pinta de que habrá otras (algo obvio pues no hay intencionalidad), pero sin intencionalidad el equilibrio no es más que un estado temporal de esta iteración aleatoria y evolutiva donde organismos ocupan espacios nuevos o de otros y cambian la composición molecular de la atmósfera y la corteza etc y que podrían o no acabar con toda la vida. Otra pregunta es ¿qué somos los humanos? Para algunos somos un cancer que hay que extirpar, o una aberración de la vida, o somos parte de la misma, parte de GAIA con nuestras virtudes y defectos como lo fueron en el pasado los árboles o las cianobacterias. Desde mi punto de vista los humanos somos ese factor desequilibrador esta vez que moveremos la siguiente ficha evolutiva de GAIA, y de paso haremos la extinción del antropoceno. No me gusta pero tiene pinta. O no… qué más da al universo le da igual. Mi punto de vista filosófico barato es que es una lástima que siendo más conscientes que las algas o los árboles vayamos a provocar estas extinciones con los bonicos que son los tigres, los leones y los bichos del bosque. Mejor intentemos no acabar con la vida incluidos nosotros, independientemente de que al universo y la vida se la traiga al pairo.

Resumiendo, los equilibrios o no, las extinciones o no, aparte de la obvia falta de intencionalidad, no son más que cosas que pasan de chiripa, por casualidad a partir de unas premisas sencillas, de unas leyes termodinámicas. Si una forma de vida produce oxígeno, pues otras pueden prosperar allí, y otras mueren, si esto de chiripa genera un a atmósfera que sirve para yo que se protegernos de rayos cósmicos pues eso que nos llevamos, pero no era la intención de nadie (parte filosófica magufa), si esto genera que durante un periodo de tiempo que haya ciertos equilibrios climáticos, o incluso aunque la ciencia demostrara que es inevitable que la tierra acaba equilibrando durante largos períodos con la vida de ese momento, pues bien está pero nada garantiza que sean para siempre y la misma GAIA puede producir nuevas formas de vidas que reinicien el proceso de destrucción-creación extinción sin ser como decía el artículo GAIA LA ASESINA IMPLACABLE que no es más que otra interpretación humana filosófica de lo que son solo cosas casuales y aleatorias. Lo digo otra vez para que quede claro, no creo que GAIA sea ese benévola causalidad de la materia y la termodinámica interactuando con la vida, como tampoco creo que GAIA SEA UNA IMPLACABLE ASESINA. Es muy tentador pensar en causalidades, en intencionalidad, pero la misma vida nos ha enseñado que se puede autodestruir en cualquier momento como por desgracia parece que estamos haciendo nosotros ahora mismo.

Aunque la vida se abre paso continuamente en medios hostiles de la tierra, no podemos descartar que una forma de vida pueda extinguir el 100% de la misma por su propia estupidez existencial y convertir la tierra en un planeta inerte (y no necesariamente los humanos), difícil tal vez acabar con el 100% para nosotros, fácil acabar con el 95%, sea como sea mejor intentamos no ir para allá aunque tal vez sea demasiado tarde tal vez para nosotros.

16. ROMPEMOS COSAS

ROMPEMOS COSAS.... para luego arreglarlas con máquinas que para hacerlas funcionar rompen cosas.... para luego arreglarlas con máquinas que para hacerlas funcionar rompen cosas.... para luego arreglarlas con máquinas que para hacerlas funcionar rompen cosas.... para luego arreglarlas con máquinas que para hacerlas funcionar rompen cosas.... para luego arreglarlas con máquinas que para hacerlas funcionar rompen cosas.... para luego arreglarlas con máquinas que para hacerlas funcionar rompen cosas.... para luego arreglarlas con máquinas que para hacerlas funcionar rompen cosas.... para luego arreglarlas con máquinas que para hacerlas funcionar rompen cosas.... para luego arreglarlas con máquinas que para hacerlas funcionar rompen cosas.... para luego arreglarlas con máquinas que para hacerlas funcionar rompen cosas.... para luego arreglarlas con máquinas que para hacerlas funcionar rompen cosas.... para luego arreglarlas con máquinas que para hacerlas funcionar rompen cosas.... para luego arreglarlas con máquinas que para hacerlas funcionar rompen cosas.... para luego arreglarlas con máquinas que para hacerlas funcionar rompen cosas.... para luego arreglarlas con máquinas que para hacerlas funcionar rompen cosas....

para luego arreglarlas con máquinas que para hacerlas funcionar rompen cosas.... para luego arreglarlas con máquinas que para hacerlas funcionar rompen cosas.... para luego arreglarlas con máquinas que para hacerlas funcionar rompen cosas.... para luego arreglarlas con máquinas que para hacerlas funcionar rompen cosas.... para luego arreglarlas con máquinas que para hacerlas funcionar rompen cosas.... para luego arreglarlas con máquinas que para hacerlas funcionar rompen cosas.... para luego arreglarlas con máquinas que para hacerlas funcionar rompen cosas.... para luego arreglarlas con máquinas que para hacerlas funcionar rompen cosas.... para luego arreglarlas con máquinas que para hacerlas funcionar rompen cosas.... para luego arreglarlas con máquinas que para hacerlas funcionar rompen cosas.... para luego arreglarlas con máquinas que para hacerlas funcionar rompen cosas.... para luego arreglarlas con máquinas que para hacerlas funcionar rompen cosas.... para luego arreglarlas con máquinas que para hacerlas funcionar rompen cosas.... para luego arreglarlas con máquinas que para hacerlas funcionar rompen cosas.... para luego arreglarlas con máquinas que para hacerlas funcionar rompen cosas.... para luego arreglarlas con máquinas que para hacerlas funcionar rompen cosas.... para luego arreglarlas con máquinas que para hacerlas funcionar rompen cosas.... para luego arreglarlas con máquinas que para hacerlas funcionar rompen cosas.... para luego arreglarlas con máquinas que para hacerlas funcionar rompen cosas.... para luego arreglarlas con máquinas que para hacerlas funcionar rompen cosas....**FIN DE LA VIDA.**

Tate quieto ya hombre, tanta tontería....no hagas nada.[78]

---

[78] https://www.felixmoreno.com/es/index/34_0_no_hagas_nada_o_deja_de_hacer_cosas.html

17. EL VEGANO CAPITALISTA 3 FRUTAS, VERDURAS Y COSAS VERDES.

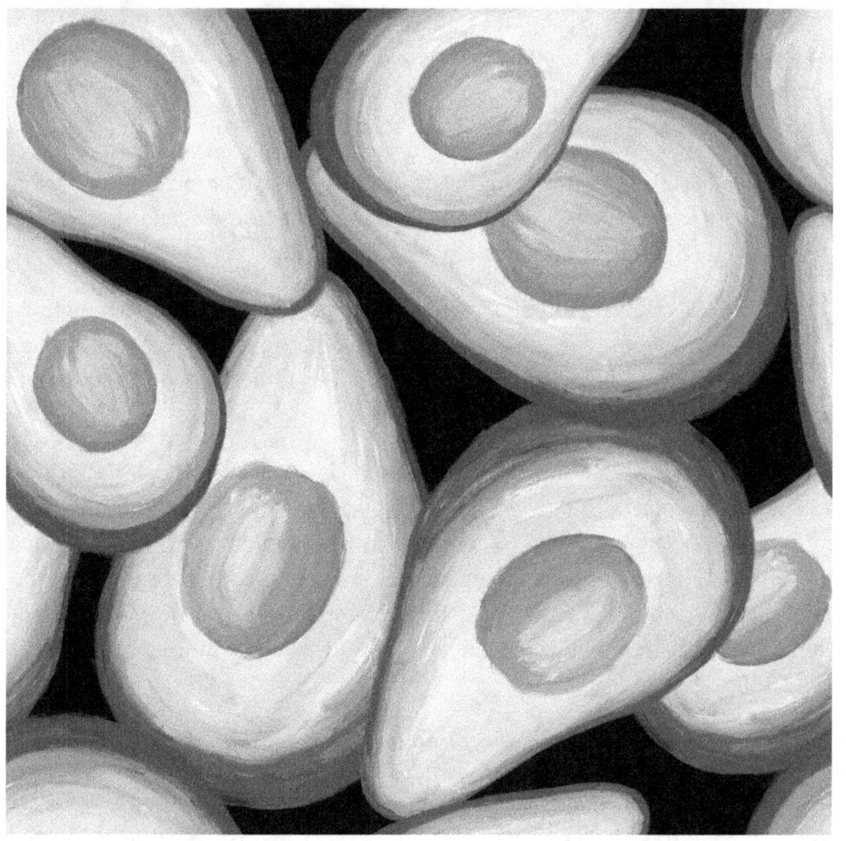

Los anteriores relatos de Veganos Capitalistas se han publicado en anteriores libros de Relatos Colapsistas. Gracias a Rosana por revisar el texto y a Violeta por aportar ideas y noticias para el tema.

Un tema que me faltaba por tratar en esta serie de artículos sobre veganos capitalistas (recordad que quien dice vegano capitalista, dice vegetariano capitalista o cualquier tipo de primermundista en general), es como la necesidad o la demanda de productos ecológicos, o vegetales para tener una variedad curiosona hace que el planeta se destruya más.

Es decir, para que tu te hagas un desayuno súper nutritivo de piña, banana, aguacates, mango, y naranjas, tal vez estés destruyendo el planeta entero… one more time para que tengas toda esa variedad a tu disposición.

Y es que el problema es primero una alta demanda, segundo la imposibilidad de cultivar estas frutas en cualquier terreno y tercero la poca ética y normas que hay para el control en países donde se puede conseguir hacer lo que se quiera sin dar explicaciones.

El caso del **aguacate por ejemplo llamado el ORO VERDE**, en este artículo titulado "El lado oscuro del aguacate: la desgracia de casi medio millón de personas en Chile"[79], nos cuentan como un territorio de Chile, que ya había sido tocado medioambientalmente por la minería, ahora la gente no tiene agua y los ríos están secos. El gobierno les provee de 50 litros por familia mientras fuera de la ciudad se cultivan cientos de miles de kilómetros cuadrados de mango.

*"En la década de 1990, con el retorno de la democracia al país, políticos y **empresarios comenzaron a comprar las laderas de los cerros, eliminaron los bosques nativos, instalaron sus industrias agrícolas y desviaron cauces naturales o directamente robaron agua de los acuíferos para regar sus plantaciones**. Hoy se riegan con agua extraída de las napas subterráneas de los dos principales ríos, que superficialmente se secaron hace 10 años y*

79https://mundo.sputniknews.com/america-latina/201908261088474428-el-lado-oscuro-del-aguacate-la-desgracia-de-casi-medio-millon-de-personas-en-chile/

solamente tienen agua unos pocos días durante el invierno. El Río Petorca fue declarado agotado en 1997 y el Río Ligua entró en la misma condición en 2004. El descenso del agua de las napas subterráneas es sostenido."

Pero hay muchísimos más casos, Mexico produciendo para EEUU[80], en España, donde desde hace 50 años se cultiva ya es un problema por el agotamiento de los recursos hídricos para su cultivo como nos cuenta este otro artículo titulado "Las amenazas del boyante aguacate español: nuevas plagas, endogamia y colapso hídrico"[81].

"Producir un kilo de aguacates requiere, según datos del Water Footprint Network, unos 2.000 litros de agua [82](mucho más de lo que requieren un kilo de verduras, cereales, frutas o incluso leche) y eso, en un clima como el nuestro, tampoco son buenas noticias cuando una gran parte de la demanda anual europea depende de nuestros aguacates."

Pero no es una cosa del maligno aguacate aka oro verde, para poder comer naranjas todo el año cuando aquí solo las tenemos entre otoño e invierno (aunque hay diferentes variedades y España dispone de varios climas para obtener producción casi todo el año) implica producirlas en otros sitios del planeta, deforestar, triturar, fertilizar y transportar estas frutas de temporada por todo el mundo para cumplir con los caprichos de los consumidores primermundistas.

Por desgracia además estas cosas van a modas, la naranja fué un producto de éxito en EEUU lo que hizo que en Brasil se creasen inmensos cultivos que ahora son abandonados mientras que la nueva moda de beber leche de almendra está vaciando los acuíferos de California para satisfacer la demanda.[83]

Hay noticias parecidas de casi cualquier fruta tropical, la piña en

80https://www.forbes.com.mx/ecocidio-el-costo-de-la-alta-demanda-en-el-mercado-del-aguacate/amp/

81https://www.elconfidencial.com/tecnologia/ciencia/2019-01-23/virus-amenaza-boyante-industria-aguacate_1774422/

82https://blogs.20minutos.es/la-gulateca/2018/05/23/2000-litros-de-agua-para-producir-un-kilo-de-aguacates-la-huella-ecologica-de-una-moda-que/

83https://www.eldiario.es/consumoclaro/comer/alimentos-comunes-causando-desastres-ecologicos_1_3565950.html

Costa Rica[84], la banana también en Costa Rica[85], Colombia[86]...

Chile además en 2019 tuvo un movimiento en contra muy fuerte debido a la sobreexplotación de acuíferos dejando a la población sin agua solo para que en occidente pudiésemos tener nuestros aguacates[87]. Este fue uno de los desencadenantes de las revueltas que han llevado al país en 2020 a plantearse un referéndum para cambiar la constitución, y es que las grandes empresas y el capital han hecho y deshecho en este país desde el golpe de estado de Pinochet en los años 70 financiado por EEUU. La explotación de los recursos y la resistencia mapuche.

Otro producto que se ha puesto de moda últimamente es la Quinoa. Esta planta ha servido de alimento a Bolivia, Perú y Ecuador desde hace miles de años, pero no fue hasta los 70 que se puso de moda en occidente. Como dice este artículo titulado "Los estragos de la quinoa"[88],

"En los últimos seis años, el precio de la quinoa se ha triplicado, y el aumento de la superficie cultivada (que ha pasado de las 48.897 hectáreas en 2007 a las más de ochenta mil en 2016, según datos de la FAO) **ha provocado desplazamientos y socavado la agricultura familiar campesina, dedicada a la subsistencia. Lo que pudo ser una solución al hambre ha devenido en un problema político y de mercado.** *"*

Es ya conocido el tema del aceite de palma, que aunque no es parte de la moda vegana pero deberíamos recordar que por ejemplo en "en la isla de Borneo ha provocado la deforestación de dos terceras partes de su superficie y ha puesto en peligro de extinción a numerosas especies, tanto vegetales como animales. Una de las más amenazadas es el chimpancé orangután.[89] "

84https://ojoalclima.com/cultivo-de-pina-quiebra-los-escudos-contra-cambio-climatico/

85https://www.researchgate.net/publication/
282978657_El_impacto_ambiental_del_cultivo_del_banano_en_la_region_AtlanticoCaribe_de
_Costa_Rica_Limon_durante_su_segundo_ciclo_bananero_1960-2010

86https://zonalogistica.com/los-desechos-generados-por-la-industria-bananera-colombiana/

87https://www.dw.com/es/chile-los-inconvenientes-del-auge-del-aguacate/a-44352459

88https://ethic.es/2018/04/los-estragos-la-quinoa/

Sin recordar también la guerra de precios, donde sale más rentable producir la fruta fuera de España que en España aunque haya que traerla de lejos y competir con nuestra capacidad de producción que tan necesaria será en un futuro sin energía. Estos artículos se titulan "el vegano capitalista", pero como siempre digo podría haber hecho una saga que se llame (y que igual la hago) en carnívoro capitalista y como casi todo lo que comemos está ayudando si no destruyendo completamente el planeta. Concretamente si has decidido tener una vida saludable y comer fruta, o eres vegano o vegetariano deberías plantearte el origen de cada uno de los productos que consumes, comer productos de temporada y producidos lo más cerca posible aunque esto haga tu dieta un poco menos variada, es un must do. Porque esa variedad a veces implica traer productos de todos los rincones del planeta deforestando y agotando los recursos de esos países.

Hacer esto si que sería estar comprometido con la vida. (Aunque salvo que fuese algo global no sirve de nada).

89https://www.eldiario.es/consumoclaro/comer/alimentos-comunes-causando-desastres-ecologicos_1_3565950.html

18. CUÁNTAS COSAS

¿Alguna vez te has hecho esta pregunta? Cuántas cosas necesitas. De qué cosas puedes prescindir. ¿cuántas cosas tienes?

Esta pregunta podría ser una pregunta filosófica, taoista, de revelación personal… o puede ser una sencilla pregunta para prepararse para lo que puede venir. En un futuro sin petróleo deberíamos de poseer solo 5 de cada 1000 cosas, que se yo, de una cantidad de cosas que ahora damos por obvias y que tal vez no podamos tener. Desde lo más cercano y material como objetos por casa y lujos, a cosas más sociales como una educación, sanidad, o medicamentos para el dolor. n la sociedad de la abundancia y el control donde no podemos ir a cualquier sitio (al menos la mayoría) pero si podemos comprar cualquier cosa de cualquier parte del mundo, el HOMO-URBANITA[90], ni se plantea cuántas cosas puede poseer, o de donde, o si hay un límite, o lo que es peor si esto va a ser posible en el futuro. Cuando uno es un expatriado como fui yo, trabajando fuera de su

90https://www.felixmoreno.com/es/index/
101_0_fast_collapse_el_homourbanita_y_el_campesino_autosuficiente.html

país, o en su mismo país, cambiando de piso en piso cada x tiempo, aprendes a llevar lo justo contigo. La primera mudanza aun mueves algunos muebles o sillas de piso a piso, pero al final te acostumbras a no tener muchas cosas con las que debas cargar. Otra forma de entender la cantidad de cosas que tenemos es peregrinando, o la vida de mochilero. Muchos hemos podido viajar por el mundo con una mochila, algo que en un futuro muy cercano será terriblemente complicado debido a las leyes que vienen contra trotamundos con la excusa de luchar contra las pandemias y que en el fondo serán para que los pobres no viajen. Pero bueno sea como sea, esa vida que muchos han probado de joven de tener una mochila, y que dentro de ella te quepa la vida entera es otra forma de entender lo poco que se necesita en esta vida para una supervivencia limitada.

Pero la lección más incómoda y dolorosa que he vivido fue cuando con 23 años estuve un par de semanas en un campamento de refugiados saharauis. No se si ya he escrito sobre esto, pero allí las cosas que tienes se pueden contar con los dedos de las manos. Recuerdo esa cajita-joyero donde una niña saharaui guardaba todas sus posesiones, un peine, un trozo de espejo y alguna baratija… y eso era todo. Luego la familia tenía unas mantas y algún cacharro para hacer la comida….

Te preguntaría a ti lector por ejemplo, de tu casa, de los aparatos que tienes eléctricos, si solo pudieras tener uno con cuál te quedarías….. tal vez con la lavadora   o no porque la lavadora se puede usar una comunitaria…..tal vez la cocina…. y usar una cocina de leña…. ¿Podrías vivir sin nevera y sin tener una maquina de frio para la comida en casa? Podríamos usar carne y productos que no requieren frío…otro electrodoméstico del que podríamos prescindir es el aire acondicionado… pero… claro hay zonas de España donde la vida se hace imposible a casi 50 grados… si me preguntas, para mi de lo que no podría prescindir es de el agua caliente, para ser más exactos una ducha de agua caliente… es lo único que he echado de menos en todas las situaciones que conté antes… creo que es el único lujo que me gustaría poder permitirme en el futuro, de hecho ya he visto opciones para el colapso para calentar agua con sol y poder disponer de este, mi único lujo.

El tema es **¿por qué habría que preguntarse uno esto?**, pues sencillo, en un futuro donde la energía disponible sea de por ejemplo 1000 ahora y en el futuro 5, qué es lo que parece que tendremos cuando se acabe el gas natural, petróleo y carbón, pues será el número de cosas que podremos tener…además fabricar la cantidad de cosas que tenemos a día de hoy nos ha llevado a donde estamos ahora, con un incremento de las temperaturas gradual y que nos catapultan hacia la extinción de nuestra especie y gran parte de la vida…por eso… cuanto antes te plantees tener menos cosas y dejar de consumir en lo posible… más cerca estaremos de la supervivencia… además y por desgracia esto no es ni opcional ni cosa de unos pocos…[91] pasará si o si, y deberán ser los estados, las democracias, o lo que sea que tengamos los que tendrán que gestionar este decrecimiento… salvo que alguien tenga una solución al fin del petróleo y de el aumento de los gases de efecto invernadero que no sea.. magia… que aunque parezca una tontería es la opción elegida por la mayoría de sistemas económicos y democracias del mundo.

91https://www.felixmoreno.com/es/index/34_0_no_hagas_nada_o_deja_de_hacer_cosas.html

19. LÍNEA DE METRO DECRECENTISTA O EL TREN DEL COLAPSO

Mucha gente me pregunta después de la era del petróleo donde acabaremos tecnológicamente hablando, si tendremos ordenadores, o radio o volveremos a la edad de piedra. Mi respuesta es que no lo sabemos, todo depende de la energía disponible según vayamos decreciendo, y en qué momento la energía disponible se estabiliza entre oferta y demanda. En ese momento podemos afirmar dónde estaríamos. Además la destrucción de los ecosistemas, y la vida para mantener todo el chiringo a flote también nos abre otras vías hacia la extinción. Pero por otro lado si que me veo capaz de predecir las diferentes estaciones en una especie de línea de metro por las que iremos pasando según vayamos decreciendo, pues me veo capaz de identificar los tipos de tecnología según la energía disponible.

ESTACIÓN 1 MICROPROCESADORES Y REDES

Nuestra línea imaginaria empezaría ahora, con toda la tecnología que tenemos en el año 2020. Internet, móviles, ordenadores, y ordenadores dentro de cualquier cosa incluso un test de embarazo como recordaba en mi artículo El manual y un test de embarazo[92].

En esta parada tenemos además transporte en coche, aviones, satélites, trenes diesel, barcos diesel etc...y una agricultura muy tecnificada con derivados del petróleo. Incluso enviamos hombres a la luna y tal vez a marte. La música toda digital.

ESTACIÓN 2 MICROPROCESADORES SENCILLOS

La segunda parada decrecentista empieza cuando el petróleo empieza a producirse en menor medida que lo que se necesita, empezamos a tener que prescindir, lo primero de lo que prescindiremos será de la alta tecnología disponible para todo el mundo. Como ya he predicho en muchos de mis artículos esta tecnología depende de la paz mundial para el tráfico de mercancías y de abundante energía. Esto provocará que muchos de los gadgets dejen de existir, muchos de los usos que hoy tienen los procesadores serán finiquitados. Adiós reproductores de música, tv inteligentes, internet de masas y alta velocidad, móviles, etc.. habrá ordenadores, pero serán más sencillos y mucho más caros, cada vez menos gente tendrá ordenador. Sobre todo lo tendrán gobiernos, universidades, administraciones. Por otro lado el comercio mundial disminuirá un 90%, adios barcos, coches y aviones, transporte por tren y por camión. Todo lo barato producido en países asiáticos se reducirá drásticamente y volveremos a fabricar mucho en los

[92]https://www.felixmoreno.com/es/index/114_0_el_manual_y_un_test_de_embarazo.html

países de origen, sobre todo cosas sencillas. El turismo será cosa de ricos. En los hogares los electrodomésticos se reducirán a lo justo y necesario como tv sencilla, radio y frigorífico. La lavadora se externalizará en lavanderías comunitarias. El cine sufrirá un nuevo renacer. Volvemos a los cd 's para escuchar música.

ESTACIÓN 3 ERA ANALÓGICA

La tercera estación ya no dispone de chips y procesadores. Toda la tecnología se hace con piezas de metal, engranajes, motores eléctricos sin microcontroladores. El transporte ya sólo es por tren eléctrico y de carbón vegetal y mineral, ya no hay diesel para consumo privado, barcos de vela y calderas de carbón. Habrá intentos de relanzar los zepelines pero tampoco habrá suficiente gas para ello. El petróleo será usado para la guerra, barcos tanques etc. En casa ya sólo tendremos radios y un frigorífico, todo lo demás se hará de forma manual. Toda la administración, gobiernos, y grandes empresas vuelven al papel. El cine será el mayor y más tecnológico sistema de entretenimiento. Las radios las subvencionarán los gobiernos, y serán fabricadas en el mismo país o en países aliados, para tener informados y controlados a los ciudadanos. Seguimos lavando la ropa en lavanderías comunitarias. Volvemos a las cintas de cassette y los vinilos, también al resurgimiento de los instrumentos analógicos musicales.

ESTACIÓN 4 ERA PREINDUSTRIAL.

Si la energía sigue disminuyendo y sobreexplotamos las minas de carbón o cortamos los bosques para mover nuestros trenes y barcos pasaremos a la siguiente fase. En esta fase la tecnología es un lujo solo a disposición de reyes, dictadores, y bancos. Esa tecnología además es sencilla, a base de metalurgia sencilla, la inmensa mayoría vive en el campo subsistiendo. Los periódicos tomarán el relevo a la radio, que de nuevo serán controlados por estados o grupos empresariales y contarán la realidad que consideren. Volvemos a lavar a mano en casa y en lavaderos con "jabón lagarto". La música grabada solo en discos de pizarra y para los ricos y en las de directo bandas de música del pueblo en fiestas.

ESTACIÓN X PARALELA FANTASMA

Esta estación es a la que podemos ir si seguimos consumiendo el planeta y no nos adaptamos a la realidad de escasez de energía a tiempo, implica guerras nucleares, temperaturas incompatibles con la vida, escasez de agua y la extinción de casi toda la vida en la tierra, sobre todo insectos, y mamíferos.

ESTACIÓN -1 LA REALIDAD PARALELA DE LOS POLÍTICOS

En esta realidad, el hombre coloniza Marte y la Luna. Tenemos toda la energía que queremos con paneles solares y molinos de viento. La tecnología gobierna todo y las IAs hacen del mundo un sitio mejor. Por otro lado el control de la población es totalmente absoluto, nadie hace ni dice nada sin que lo sepa el gobierno. Tenemos el cielo lleno de satélites que nos dan internet, y todo lo demás lo hace un mago y es magia. La música y nuestros pensamientos en chips en la cabeza.

20. PISCINA DE LODO VS MANCHITA

Ahora voy a hablar de que es la alta tecnología. La de los chips que no paro de hablar, y para que lo entendáis voy a usar un escatológico ejemplo… para poneros en situación todo empezó cuando leí un término que me dejó loco… en un librillo que está circulando por la red… el término era INFORMÁTICA CAMPESINA ... y eso me dio un viento por la nuca… y bueno esto salió…Imagina que una paloma te caga en la nariz y con una toallita te limpias. La caquita sería Facebook, Apple, Amazon, el firewall Chino, Alibaba, Google, Microsoft, la NSA, el GPS, los sistemas de espionaje, los troyanos, el big data, etc. **La toallita, sería el software libre**, el fair phone, las redes wifi comunitarias, las ecoaldeas con conexión por satélite, los móviles rooteados con roms cocinadas, el manifiesto GNU, Richard Stallman, Linus Torvards, el hacking ético, retroshare, diaspora, la red matrix, ubuntu, la FSF, la gobernanza digital, las cooperativas de tecnología, wikileaks, los correos electrónicos cifrados, la informática campesina, y cualquier cosa que creas que es buena que tenga procesador.

Y ahora miras a tu alrededor, y resulta que mientras te limpias la caquita de la paloma de tu nariz, estás en una piscina del tamaño de Madrid llena de lodo, y el lodo te llega hasta el cuello, y cada vez te hundes más. Eso es internet, las redes de telefonía que usas, la red eléctrica, las fábricas que hacen tu móvil, las minas de coltán del Congo, el golpe de estado en Bolivia, el calentamiento global, los barcos transportando tus chips y ordenadores, las fundiciones, las fábricas de Taiwán, China y Corea, el carbón mineral arrancado de la corteza terrestre para fundir tus materiales de tu iphone, la pantalla de tv, la basura tecnológica, los ríos llenos de residuos de la minera para conseguir los materiales de tu pc comunitario, todo el co2 que emite todo internet, y las fábricas para que tengas tu móvil, incluidas las fábricas que hacen las placas solares y las baterías y el consumo de todo el primer mundo tecnológico.

Si quieres salvar el mundo ¿Te has planteado no tener móvil? ¿Has pensado en regalar tu ebook y comprar un libro de papel de segunda mano? Parece una tontería pero el problema real no es el co2, son las cosas que se fabrican y transportan y tenemos que para hacerlas emiten co2.

21. YONKIS TECNOLÓGICOS

141

En el otro artículo Piscina de lodo y manchita en la nariz explico un poco hasta que punto tenemos tan normalizada la tecnología y el tener cosas y es tan parte de nosotros que no nos damos cuenta de que no existe una tecnología ética, ni limpia. Es decir, que a día de hoy la tecnología no se puede fabricar sin triturar la corteza, sin acabar con la vida, sin doblegar a los países que tienen los recursos, mantener a su población oprimida y controlada, destruir sus ecosistemas, contaminar sus ríos y los nuestros, emitir co2, calentar el planeta, generar ingentes cantidades de basura electrónica contaminante etc, y por cierto usando ingentes cantidades de energía, sobre todo combustibles fósiles, que por otro lado se están acabando y que ya me dirás tú cómo vamos a hacer los chips del futuro...

FASE SOLUCIONES SIN DEJAR DE USAR TECNOLOGÍA.

● **SUBFASE HAGAMOS LO MISMO PERO DE FORMA ÉTICA**

La primera reacción del **yonki tecnológico** es, bueno pues hagámoslo de forma ética. De ahí surgen iniciativas como el Fair Phone que desde mi punto de vista en un valiente ejercicio de hipocresía tecnológica. Fíjense como el yonki tecnológico **no dice, bueno, pues igual toca reducir el uso de tecnología**, su primer impulso yonki y el único es... Sigamos haciéndolo, sigamos con la droga, pero de forma ética, sin contaminar, en países donde no tengamos que destruir sus democracias etc. Y esto choca frontalmente con la repartición de los minerales por la corteza terrestre. Esa decisión no se tomó con Cristóbal Colón, ni con los Mayas, pasó mucho antes de que la vida floreciera en la tierra, exactamente cuando se estaba formando la corteza terrestre. Es más añadiría que además se hizo de forma irregular y escasa, al menos en la corteza a la que podemos acceder, es decir que los materiales se repartieron a cachos por ciertos lugares y además en cantidades insuficientes para satisfacer la demanda de tecnología del siglo 21. Pero no pasa nada yonki tecnológico, tú seguro que estás a favor de sacar coltán del subsuelo del estrecho de Gibraltar por ejemplo...triturar el mar por sus raíces y contaminar todo el mediterráneo para que así tengas tu móvil nuevecito. Me he encontrado esta fase también en discusiones sobre cómo explotamos al tercer mundo, donde cuando les explicas cómo destruimos su medio ambiente, o matamos a los opositores locales, te dicen.. bueno pues hagamos lo mismo, porque yo chocolate y café sigo queriendo pero… de forma ética….

● SUBFASE USAR MATERIALES DE BASURA

El siguiente pensamiento que le pasa por la cabeza al **Yonki Tecnológico,** es "bueno, espera espera, que he tenido una idea genial, VAMOS A USAR LA BASURA TECNOLÓGICA PARA HACER TECNOLOGÍA". Super idea muchacho, te vamos a dar un nobel, ya podemos mantener la forma de vida occidental y todo internet, los vertederos pasarán a ser ahora canteras tecnológicas, ya no hará falta fabricar chips, en Taiwan están acojonados. Fijaros que el yonki tecnológico sigue en su cabecita sin plantearse no tener tecnología, está ahí dándole a la cebolleta pensando en como poder tecnología si por un casual las cosas que dice este Felix pudiesen pasar, como lo que digo en El fin de la memoria 1 Peak Computing[93] o en El fin de la memoria 2 Peak Memory[94]. de estas ideas salen libros que me flipan como el que tiene un capítulo titulado "INFORMÁTICA CAMPESINA", y movimientos de arreglar hardware en vez de tirarlo, salvo que ningún humano puede con sus manitas arreglar ni un solo chip, ese es gran problema de la tecnología moderna.

En discusiones sobre agricultura con leds donde yo defiendo dejarse de tonterías y aprender a cultivar en el campo no en un sótano con costosos sistemas de leds y electricidad, me encontré con argumentos como que cualquier led sirve con lo que solucionan el problema de que para cultivar con leds hacen falta leds que se fabrican en pocas fábricas del mundo, el

93https://www.felixmoreno.com/el-fin-de-la-memoria-1-el-futuro-de-la-informatica-PEAK-COMPUTING/

94https://www.felixmoreno.com/el-fin-de-la-memoria-2-el-futuro-de-la-informatica-PEAK-MEMORY/

tema es que en esta fase el yonki BUSCA SOLUCIONES TECNOLÓGICAS ALTERNATIVAS SIN PLANTEARSE DEJAR DE USAR TECNOLOGÍA.

● SUBFASE TAMPOCO HACES DAÑO A NADIE Y DA IGUAL LO QUE HAGAS

Una fase o argumento cuando les explicas lo que hay, que la tecnología no soluciona los problemas que la misma tecnología genera con más tecnología y si se está hablando de algún acto individual como hacer un invernadero led en casa, realmente no hace daño a nadie… pero no estamos hablando de lo que tu haces en casa, estamos hablando de legitimar una forma de obtener cosas con tecnología que acaban a gran escala destruyendo el planeta. Otra variante de esta fase es invocar a la Paradoja de Jevons[95] para afirmar que si no lo haces tú otro lo hará y que las acciones individuales no sirven de nada que hay que cambiar el sistema etc etc, claro… así te lavas las manos, la pregunta es una vez que sabes el mal que haces… ¿debes seguir haciéndolo porque total da igual? Yo pienso que aunque sirva de poco si puedes cambiar un poco tus hábitos está bien aunque no salves el planeta tu sólo.

● FASE YO HAGO COSAS

Siguiente fase es decir que ellos ya hacen muchas cosas buenas por el planeta, o que saben lo que hacen, es una fase no le busques sentido, llegado el momento intentan decir que ellos hacen cosas, tengo una huerta de permacultura, *"yo reciclo y separo la basura, y tengo una bici eléctrica, y he fundado una asociación de software libre donde hablamos de cómo liberaremos los ordenadores del sistema capitalista, y tengo un móvil libre de multinacionales que me he hecho rebuscando en la basura y flasheando en casa…."* con la consecuente pregunta, ¿y tú qué haces? Como si yo tuviera que hacer cosas antes de recordar los problemas de la tecnología.

95https://es.wikipedia.org/wiki/Paradoja_de_Jevons

● **FASE ATACAR AL MENSAJERO**

La siguiente fase cuando leen mis textos o dialogan con migo, es atacar al mensajero, es triste, algo de lo que ya hablé en mi artículo de No hagas nada, o deja de hacer cosas[96] , pero donde el Yonki Tecnológico se vuelve especialmente virulento, realmente desean hacerte daño, porque les has tocado algo muy dentro suyo, de su adicción a la tecnología o al chocolate, tabaco o al café, mi discurso amenaza a su forma de vida a niveles del hipotálamo. Y es que las cabecicas de las personas son todas más o menos iguales y en todas en ese momento de acorralamiento mientra alguien te dice que quiere ayudarte a salir del túnel, el yonki como un zorro acorralado muerde... y dice.... *"mira tu eres un hipócrita porque estas usando tecnología para decirme A MI, (yonki tecnológico) que use menos tecnología, quien eres tu para decirme usando facebook, o telegram a mi que no use móvil, vergüenza debería darte, da ejemplo primero tu y vete a vivir a una cueva....."*

● **FIN.**

Y así amigos acaba la discusión con el Yonky Tecnológico... con un ad hominem. Y eso que la discusión acababa de empezar, es decir, que todavía no había hablado del más que posible futuro sin energía que impedirá fabricar chips más pronto que tarde. Ni tampoco hemos discutido sobre los efectos que internet, y la tecnología hacen al planeta, lo que significa en co2, contaminación, residuos, vida útil, en fin muchísimos temas que   he   ido   desgranando   en   mis   libros.

________Por cierto a la pregunta final del yonki tecnológico mi respuesta es ... y nunca dije que no fuese un yonki tecnológico... un yonki puede saber perfectamente qué es lo que le autodestruye, pero simplemente no puede dejarlo, es...el yonki consciente... este a veces pide ayuda a diferencia del

96https://www.felixmoreno.com/es/index/34_40_no_hagas_nada_o_deja_de_hacer_cosas.html

yonki feliz que ni se plantea que tiene un problema. Por otro lado además, el no usar tecnología no es opcional, es decir, que si se cumplen las previsiones científicas la energía se acaba y as renovables no van a sustituir a las fósiles, y además se acaban los materiales, y por otro lado y no menos importante probablemente ya hayamos cruzado el umbral de no retorno de la extinción masiva de gran parte de la vida en la tierra…realmente deberíamos dejar de usar tecnología, y volver al papel, sobre todo en administraciones, archivos, justicia, medicina etc… porque pronto no será una opción.

Usa este texto para enviárselo a cualquier Yonki que encuentres por las redes sociales y acepta que tú también eres un Yonki del primer mundo a las cosas, al café, al tabaco, al chocolate, a la tecnología, móviles, ordenadores y te daba igual de donde viene todo esto tal vez hasta ahora.

22. EL MANUAL Y UN TEST DE EMBARAZO V1.2

Estaba por casa poniendo orden a mis libros, que es algo que hago a veces para que estén por temáticas y cosas así, total que estaba juntando en un rincón de una estantería los libros que tengo de informática, cuando de repente me encuentro con el manual de FUJITSU, guia de usuario, para su ordenador 286. Era sobre todo un manual para MS-DOS 3.3, Microsoft Disk Operating System, o disco de sistema operativo de una empresa llamada microsoft. Es un manual de 1986 en perfecto español y de la nada despreciable cantidad de 500 páginas. Casi como un Relatos Colapsistas (TM)

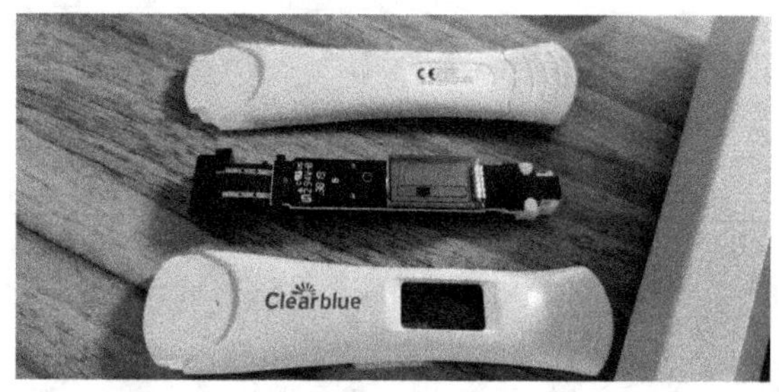

Aparte de la nostalgia que me dió ver este manual y recordar aquel primer ordenador de segunda mano que tuve en 1992, muy muy desfasado para la época pues era de un 286 a 16 Mhz con 640 kb de RAM. Desde entonces ha evolucionado tanto la informática que hasta un test de embarazo digital de 12€ tiene más capacidad de cálculo que este, mi primer ordenador. Que digo yo, ¿realmente es necesario meter un procesador con su batería y una potencia de cálculo equivalente a la de mi primer ordenador para una cosa de usar y tirar?

Dentro del test de embarazo hay un procesador de 8 bits HT48R065B fabricado por Holtek y que funciona a 4mhz aunque podría duplicar su velocidad, alimentado por una pila y que se activa cuando le echas orina o agua y sólo funciona una vez, pues es obviamente de usar y tirar. De hecho lo más ridículo de esto es que el ordenador básicamente tiene visión artificial para leer la MISMA TIRA que hay en un test de embarazo normal, tiene unos sensores ópticos que cuando sale en el papel del test ‖ o |+ en vez de tener que mirar el prospecto de papel y saber que ‖ significa embarazo y |+ no embarazo, todo este ordenador de usar y tirar dentro del test de embarazo hace ese trabajo de interpretar las dos barritas o barrita cruz por ti y te dice en su pantalla EMBARAZO!!! o NO EMBARAZO!!! Dicen que mucha gente es incapaz de entender que dos rayitas significa una cosa y rayita y cruz otra y por eso hace falta meter un ordenador en un test de embarazo…. IDIOCRACIA.

Pues bien, este libro que encontré, en perfecto estado desde los años 80 habla de un sistema operativo llamado MS-DOS que ya no existe, de sistemas de almacenamiento que ya no existen, llamados disquetes de 3.5.

Y de ordenadores que ya no existen y que nadie usa, y cuya tecnología quedó obsoleta, y cuyas piezas ya son parte de algún vertedero en forma de basura electrónica desde hace años.

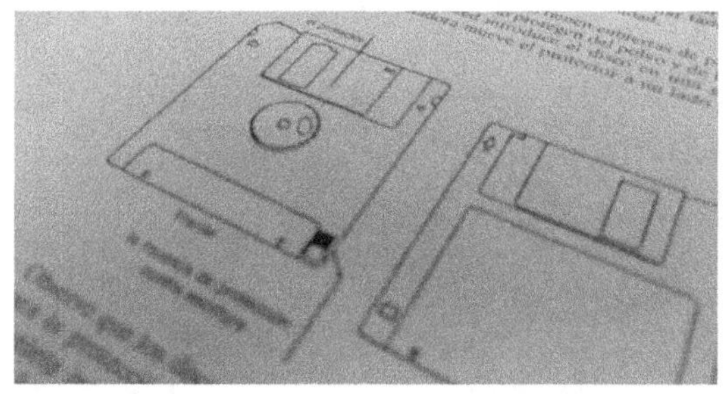

Y todo esto me llevó a la siguiente reflexión, que es algo que obviamente llevo diciendo ya desde hace tiempo en mis libros, y es la vida útil de un libro vs la de un equipo informático.

Pasarán 50 años y el manual de MS-DOS seguirá como el primer día, legible y usable, pero el sistema del que habla hará décadas que dejó de existir, su contenido habla de cosas que ya no sirven para nada, comandos obsoletos, objetos que desaparecieron al poco tiempo de ser fabricadas y usadas, como mucho el ordenador del que habla este manual duró 5 - 6 años… y aquí estamos yo y el manual…. viendo pasar el tiempo. que cosas ¿verdad?.

23. TRIAJE DE LO PÚBLICO

En los peores momentos de la pandemia del coronavirus, estando todos los hospitales y centros colapsados por la ingente cantidad de enfermos que entraban todos los días tuvieron que empezar a "triar" o elegir a quien le daban prioridad para salvar su vida y a quien no. Por desgracia era simplemente imposible atender a todos de tal forma que todos tuviesen las mismas oportunidades para sobrevivir pues no había recursos para todos.

A esto se le llamó triaje.

Salvo un milagro tecnológico de última hora, pronto las sociedades mundiales, especialmente las occidentales van a tener que elegir en qué se gastan el dinero de nuestros impuestos en un marco de crecimiento energético y recaudatorio, ah y con unas deudas bestiales imposibles de pagar matemáticamente.

¿recortaremos en ejércitos o en sanidad? ¿educación o empresas privadas del IBEX? ¿pensiones o control ciudadano? ¿libertad o opresión?

Por desgracia la historia es testaruda, y que yo sepa nunca se eligió la gente, siempre eligió ejército. En la crisis del siglo III del imperio romano (y no voy a dar una clase de historia, no soy quién) mientras el imperio se desmoronaba, la moneda se devaluaba y la riqueza esfumaba lo poco que quedó se usó para lo que se conoció como anarquía militar...

El artículo de la wikipedia es este:
https://es.m.wikipedia.org/wiki/Crisis_del_siglo_III

"La crisis del siglo III, también conocida como anarquía del siglo III, anarquía militar o crisis imperial, hace referencia a un período histórico del Imperio romano, de casi cincuenta años de duración, comprendido entre la muerte del emperador Alejandro Severo, en el año 235, y el ascenso de Diocleciano al trono del Imperio, en el año 284. Este fue un período de profunda crisis, durante el cual se produjeron fuertes presiones de los pueblos exteriores al Imperio y una aguda crisis política, económica y social en el interior del Imperio. Tanto en Italia como en las provincias surgieron poderes efímeros sin fundamento legal, mientras que la vida económica se vio marcada por la incertidumbre de la producción, la dificultad de los transportes y la ruina de la moneda, entre otras. "

En fin, estad pendientes de donde quieren recortar servicios públicos, pero ya os digo que será en pensiones, sanidad y educación, y gastaremos en chorradas varias tecnologías para control de la población, energías verdes efímeras para pelotazos del ibex, y ejército, próximamente si no ya empezaremos a comprar aviones, submarinos tanques y si se vienen muy arriba serán robotizados para no usar muchos humanos mientras la energía lo permita....

Estad preparados para el triaje de lo público.

24. UN DOLOR DE MUELAS Y EL COLAPSO

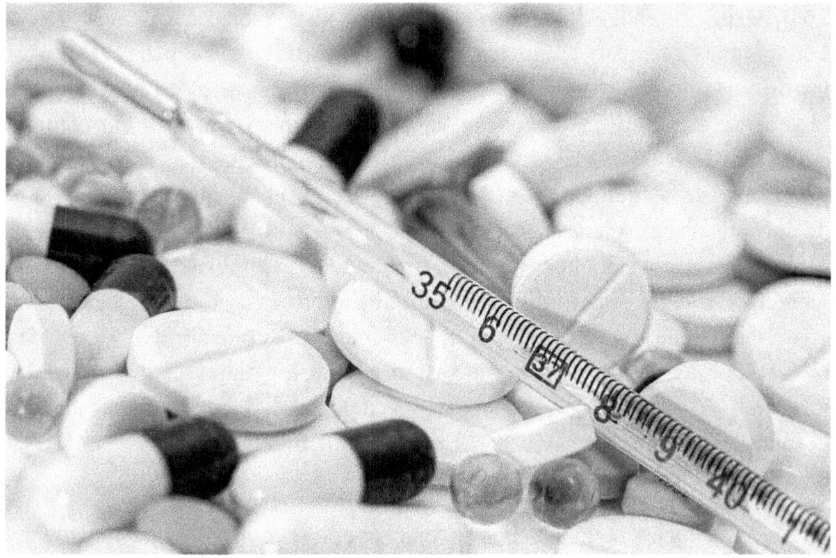

Uno de los dolores más angustiosos por los que casi todos hemos pasado alguna vez en la vida es un dolor de muelas. Es un dolor que te impide pensar, que se produce normalmente por una caries que ha producido a su vez una infección (si algún dentista lee esto por favor disculpe mi ignorancia para ser más concreto). El caso es que he elegido este dolor porque si hay algún dolor que uno recuerda el resto de su vida es un dolor de muelas. Las abuelas te dirán que hay remedios naturales como….

- **Haz gárgaras con agua y sal. …**
- **Aplicarse hielo.**
- **Utiliza el hilo dental. …**
- **Mastica perejil. …**
- **Aplícate aceite de clavo. …**
- **Colócate una bolsita de té negro. …**
- **Utiliza ajo. …**
- **Mantén la cabeza erguida.**

Pero el tema es que si realmente es un dolor de muelas por una infección bacteriana, lo único realmente eficaz es visitar a un especialista y que te administre antibióticos. Los antibióticos son una de esas cosas que tenemos, usamos, a veces de forma indebida, pero a la que no damos mucha importancia, pero… ¿y si por lo que sea no hay en ese momento disponibles? Sólo de imaginar un dolor de muelas unas horas mas, un dia mas, o una semana mas hace que algo dentro de mí se estremezca pensando en el insufrible dolor que sufriría. En el universo colapsista es habitual que se planteen cosas como, el futuro sistema de gobierno, como cultivar comida, como gestionar los residuos y cosas así, pero al igual que no se plantean qué pasará con la tecnología, algo que me ha traído no pocas discusiones con decrecentistas que piensan que tendrán móviles y portátiles en el colapso… muchos menos se plantean qué pasará con las medicinas, o los servicios médicos de los que disfrutamos hoy en dia. Pero el caso es que hasta hace una generación, la gente moría de muchísimas cosas que ahora son solo una molestia pasajera, un dolor de muelas, una infección en un dedo, o cualquier virus del herpes que te pillase con las defensas bajas, y además morías después de dolorosos días o horas de puro sufrimiento por todo el sistema nervioso.

Es curioso que cuando uno analiza el universo de los medicamentos no se espera que pase algo parecido al universo de la tecnología, aunque si lo piensas ambos están dentro del mismo sistema y la misma espiral de concentración, beneficio y economía de escala que desde mi punto de vista nos traerá no pocos problemas en el futuro. Es decir que cada dia mas y mas empresas son absorbidas por otras mas grandes que van creando unos monopolios de facto y que acaban decidiendo qué medicamentos se fabrican y cuáles no, no según la necesidad de las personas enfermas, sino de su rentabilidad al producirse en masa, esto acaba generando carencias de ciertos medicamentos simplemente porque no los va a comprar mucha gente.

Pero la pregunta es, ¿habrá carencias en el futuro? Lo que me lleva a la siguiente pregunta… ¿Hay ya una carencia de medicamentos? Pues tal vez ya lo sepas, a veces se ha dicho en la prensa, aunque suele pasar desapercibido para el consumidor medio pero en la actualidad hay carencias de muchísimos medicamentos. En España en 2020, antes del coronavirus ya había 1649 fármacos escasos o sin suministros a corto plazo, algo que además ha ido creciendo con los años por ejemplo en 2009 sólo había carencias de 137 de ellos[97].Por cierto esto no es un caso aislado de España, pasa en todos los países desarrollados ya ni te digo fuera de occidente. Por poner un ejemplo, la famosa Aspirina de la multinacional Bayer lleva con carencias 2 años, las farmacias piden 20 unidades y les llegan 5, debe de haber algún problema en la fabricación de este compuesto que por cierto, uno puede pensar que se fabrica en muchos sitios del mundo, pero de hecho según Bayer la única fábrica del principio activo de las aspirinas para todo el mundo está en La Felguera (Asturias).[98] Los motivos suelen ser variados, problemas logísticos, catástrofes naturales, y mucho de las farmacéuticas quejándose de que en algunos países se les aprieta mucho el precio y no dejan al libre mercado decidir. Otros problemas más serios son la falta de materia prima por el motivo que sea, o una sobre demanda. Estos medicamentos no están ocultos en oscuras secciones de la administración, sino que son obviamente información abierta y útil para que las farmacias sepan de que pueden disponer y de que no. En 2019 se creó el Plan de Abastecimiento de Medicamentos para intentar luchar contra este problema. Más información sobre estas listas y el plan aquí.[99] No obstante, algo está pasando para que cada vez haya más y más medicamentos que no estén disponibles, año tras año. Desde mi punto de vista, personal e intransferible, es obvio que en un escenario de decrecimiento, cada vez mas y mas medicamentos irán desapareciendo, hasta que empecemos a echar en falta algunos tan importantes como el ibuprofeno, el paracetamol, etc aunque por ahora estos tan importantes no parece que tengan problemas, pero sólo pensar que los tuvieran hace que se me estremezca el alma jiji. Por otro lado me pregunto en un escenario de escasez, ¿qué pasaría si un estado como Estados Unidos hace lo mismo que con las mascarillas y compra todo el paracetamol disponible dejando al resto del planeta sin medicinas durante unos meses? Una pregunta que hace 1 años hubiera sonado totalmente de fantasía, de sombrero de aluminio, y que después de la epidemia del coronavirus es algo totalmente probable, y que ya está pasando con las

97https://www.consumer.es/salud/problemas-de-salud/falta-medicamento-farmacia-desabastecimiento.html

98https://blog.bayer.es/el-principio-activo-de-aspirina-se-produce-en-espana/

99https://www.aemps.gob.es/distribucion-de-medicamentos/problemas-de-suministro-de-medicamentos/

vacunas del coronavirus, en las que occidente ya tendrá prioridad respecto a otros países, sobre todo Estados Unidos y Europa que ya han comprado la posible producción durante meses de las dosis dejando a otros países sin nada. Por ahora la mayoría de las veces un medicamento puede ser sustituido por otro que tenga el mismo principio activo, pero el problema es cuando escasean algunos de primera necesidad o que no son sustituibles por otros parecidos. Ahora mismo la escasez tiene una explicación según a quién le preguntes, mucho de lloriqueo de empresas privadas quejándose de lo que aprietan las administraciones públicas, pero también hay muchos médicos que por lo bajo advierten de que realmente estamos en una fase de infraproducción, a veces queriendo para presionar a los países y sus precios, pero probablemente por una real disminución de la capacidad productiva debida a la reducción de inversiones por menos beneficios año a año. No obstante todo esto son especulaciones mías y opiniones que deben ser acompañadas de datos, datos que por ahora nos dicen que cada año mas y mas medicamentos escasean o son inaccesibles. En el futuro en un escenario de guerra, o de pandemia como la de ahora, donde los países que fabrican ciertos compuestos tengan problemas para abastecer generará mucho sufrimiento, más que no tener ordenadores o móviles aunque para alguno este sea el peor de los castigos. Un mundo decreciendo en medicamentos va a ser un mundo de mucho dolor que debería de tenerse en cuenta a la hora de diseñar un futuro sostenible, mucho más importante que tener redes wifis ciudadanas. Y por supuesto ser capaces de fabricar al menos los compuestos que ayudan para el dolor, como paracetamol, ácido acetil o ibuprofeno, y por favor abstenganse los que desean un futuro de medicina tradicional, en serio cuando el colapso llegue y tengan el primer dolor de muelas mandarán a lo tradicional a donde yo me se.

En nuestra comunidad de Relatos Colapsistas el compañero M. Casado ha comentado un tema que creo es necesario comentar aquí. Esta disminución probable o posible de medicamentos en un momento de colapso hará que las enfermedades infecciosas campen a sus anchas, con lo que retroalimenta el colapso generando muchísimas muertes, que pienso yo tal vez sea el factor determinante en la disminución de la población en el futuro cercano, más incluso que las muertes en guerras, sobre todo en los países más acostumbrados a un exceso de higiene y de uso de antibióticos y antivirales y que nos hará más débiles a este tipo de infecciones por la reducción de la higiene o la no vacunación.

25. SER O NO SER CULPABLES

Yo pensaba que estas cosas ya estaban asumidas. Pensaba que las luchas de los ecologistas, periodistas, movimientos ciudadanos y sobre todo la gente que en origen es masacrada para saquear sus tierras habían dejado claro cómo se consiguen las cosas que tenemos. Lo que no me esperaba es que aún así, para muchos, la culpa sea sólo del capitalismo y nosotros solo somos pobres peones consumistas. Por un lado siempre he dicho que el capitalismo su objetivo es triturar la vida para convertirla en riqueza. Expoliar cualquier parte fértil o no de la tierra y debajo de ella, triturar dejarla infértil acabar con la vida y convertir lo que de ahí se extrae en productos vendibles en los mercados. Y cuando digo triturar la vida me refiero a humanos también, por supuesto y países, y gobiernos. Teléfonos móviles, coches, comida traída de los confines de la tierra, ropa, aceites, chocolate, etc, todo esto llevamos años décadas recibiendo información de cómo las empresas del primer mundo se las ingenian para hacerse con las riquezas de otros países muy a menudo en contra de su voluntad. Por otro lado, esto de triturar la vida para fabricar cosas no es algo sólo del capitalismo, prácticamente cualquier sistema económico está pensado para hacer lo mismo, las diferencias desde un punto de vista intelectual es quien es el dueño de los medios de producción, o como se toman las decisiones a la hora de triturar la vida, pero pocos sistemas en la historia de la humanidad han tenido como objetivo no triturar la vida y convertirla en mercancía. Me cuesta mucho imaginar una sociedad así y más pensar si ha existido o no. Hay otras diferencias, por cierto, hay algunos sistemas que han sido más o menos respetuosos con el prójimo pero así que se me ocurra que sean respetuosos con los límites del planeta o que tengan en cuenta la energía disponible… eso está aún por llegar aunque tal vez no llegue nunca simplemente importemos sistemas del pasado más funcionales con los recursos limitados a diferencia del capitalismo. Dicho esto, me fascina cuando nosotros los habitantes del primer mundo miramos para otro lado a la hora de consumir. Se puede hablar de consumo responsable, pero lo habitual es **que nos da igual cómo llega el chocolate o el café al supermercado**, o los kiwis, o los aguacates, sólo nos interesa el precio y ni eso, vamos un clásico. Para nada nos preocupa que para tener tecnología haga falta triturar todo el planeta, usar ingentes cantidades de energía y recursos para poder fabricar cada pieza de un ordenador. No nos importa mucho donde y como se fabrica la ropa hasta que un día de repente salen niños aplastados al derrumbarse una fábrica en la India o Pakistán… o a veces nos importunan con algún documental donde sale como se obtiene el coltán en el Congo con niños metidos en cuevas rascando barro casi con sus manos. Todo eso lo sabemos, lo dicen hasta en los Simpsons, pero simplemente miramos a otro lado.

Decía en mi artículo de Yonkis Tecnológicos[100] que cuando le explicas estas cosas a alguien lo primero que te dicen es..ok, pues hagamos lo mismo pero de forma ética. Y de ahí salen los intentos de consumo ético, donde seguimos arrasando las selvas para producir chocolate, o seguimos haciendo minas pero intentando que los niños no trabajen en ellas, pero destruyendo la vida igual y explotando a esas personas, pero de forma un

---

100https://www.felixmoreno.com/es/index/116_0_yonkis_tecnolgicos.html

poco más ética... la verdad es que el mundo de la fabricación de cosas está ahí ahora mismo en esa primera fase del yonky tecnológico. Pero hay más fases, luego está la fase de bueno, pues en vez de triturar más la vida, reciclemos y reutilicemos lo que ya hay... para nada dicen bueno pues ya hemos acabado mejor vivimos sin ciertas cosas, no siguen en sus trece de seguir teniendo cosas... Obviamente obviando los costes energéticos y realidades físicas. La tercera fase de mi artículo yonki tecnológico tampoco hacemos daño a nadie... es decir en el fondo el consumo es necesario porque crea puestos de trabajo,desarrolla los países, les saca de su miseria... en el fondo estamos haciendo algo bueno...claro... y mientras tanto el mundo se fríe por las emisiones de co2. Y la última fase del yonki que es cuando directamente van a por el aguafiestas, el que les dice que son culpables por no cambiar sus hábitos en vez de intentar que todo siga igual. El argumento de siempre, pues si tu nos dices que todo esto está tan mal pq usas un ordenador, hipócrita... como si así, siendo yo un hipócrita según ellos, y aunque yo diga públicamente que acepto mi culpa porque yo también soy un consumidor del primer mundo, ellos quedan exonerados. Yo soy un hipócrita, tú diciéndome ya se ha resuelto el asunto, ya no hay emisiones de co2, la energía no se agota y dejamos de triturar el planeta no hoy... mañana.

Últimamente me estoy encontrando con esta fase de atacar al mensajero cuando recuerdas a la gente que el capitalismo está ahí, muy bien, haciendo sus cosas de capitalismo malignas, triturar la vida etc, pero que en el fondo con nuestro consumo legitimamos lo que hace el capitalismo para proveernos de bienes. Que en el fondo somos culpables de que esas cosas tan malas les pasan a los ecosistemas que tritura el capitalismo para que tengamos café, chocolate, internet, móviles, ordenadores, coches, y que además tiene mala solución porque estamos viviendo por encima de nuestras posibilidades energéticas y de recursos en el planeta. **Y es que sus argumentos son de fantasía en contra.** El primer argumento para excusar la culpa es ir al concepto de culpa, empiezan que si eso es un concepto de la cultura cristiana, que si eso está pasado de moda, que por qué se iban a sentir culpables, o que en el universo del mindfulness y positivismo existencial, aceptar tener la culpa es poco constructivo, que eso no nos lleva a ninguna parte...como si mirar las cosas de forma constructiva o sin sentirse culpables fuese a solucionar de donde sacamos el cacao o el café mágicamente... como si las selvas trituradas ahora sin culpabilidad se fuesen a restaurar solas...

Otro argumento irrefutable es que en España la derecha dijo una vez a los españoles que el problema de los desahucios era porque la gente vivía por encima de sus posibilidades. Entonces en sus mentes espacio-fantásticas hacen una relación entre mi frase sobre los límites del planeta y como los rebasamos con nuestro consumo una y otra vez, y la de algún diputado del PP, y jaque mate… **Félix que verguenza que uses esos argumentos…** como si vivir por encima de nuestras posibilidades energéticas y de recursos usando la misma frase que un político español fuese suficiente para acabar la discusión sobre si son o no, responsables con su consumo de lo que les pasa a los productores de los recursos que alimentan los objetos de nuestra sociedad … .JAKE MATE.

Y un último argumento es, **"de qué sirve que nos sintamos culpables", si da igual lo que haga uno, lo que se tiene que hacer lo tienen que hacer los de arriba**. Y ya está, qué fácil no si total da igual lo que haga no va a cambiar el sistema… **y es cierto** que aunque No hagas nada, y dejes de hacer cosas[101], el mundo seguirá siendo triturado. Pero eso no es excusa para seguir haciendo cosas que tarde o temprano acabarán con la vida. Pues si no empezamos a deslegitimar al sistema para que nos provea de bienes el sistema nunca cambiará, es así de sencillo. Tus actos son sólo tuyos, pero no legitimes al sistema, aunque no sirva para nada es muy importante que empieces con cambios en tu vida y aceptes que tus actos actuales producen problemas medioambientales y humanos. Puedes también empezar a entrenarte en la Fase Zero[102]. Y así amigos, los yonkis tecnológicos duermen felices… con mindfulness y pensamiento positivo, y con un ad hominem…pues nada… gentecilla… a dormir bien, que mañana sus hijos pagarán por los pecados de sus padres, ahh no que esto es judeo masónico… que los pecados dan mal rollo y ya no se llevan, ya si eso dejaremos de comprar cosas cuando no haya vida que triturar…

Yo pienso que es muy necesario que cada vez que tomes una cucharada de cacao, o un café, o cuando vayas a tirar tu móvil que aún funciona pero que hay uno mas moderno te preguntes si quieres poner otro clavo en el ataúd del futuro de la vida… que te sientas culpable al menos y

---

101https://www.felixmoreno.com/es/index/34_0_no_hagas_nada_o_deja_de_hacer_cosas.html

102https://www.felixmoreno.com/es/index/52_0_fase_zero_10.html0

tal vez, quien sabe… reduzcas tu consumo.

Y lo que es peor, si la culpa de tu consumo es sólo del sistema, de alguna forma legitimarias un nuevo sistema donde te obliguen a no tener nada, porque total así la culpa seguirá siendo del sistema y no tuya… pq externalizar la culpa es así de peligroso… puedes acabar externalizando tu libertad…. Hace falta un nuevo sistema que tenga en cuenta los límites del planeta, que de dignidad existencial a todos, que lo poco que produzca se haga de la forma más sostenible, y debes involucrarte activamente para conseguirlo… pero es que además no tenemos elección, la energía se acaba y los ecosistemas se mueren. No quiero ni pensar cuando empecemos con la minería submarina para seguir fabricando móviles donde acabaremos… toca deslegitimar y no mañana ayer.

26. EL VERDADERO FUTURO

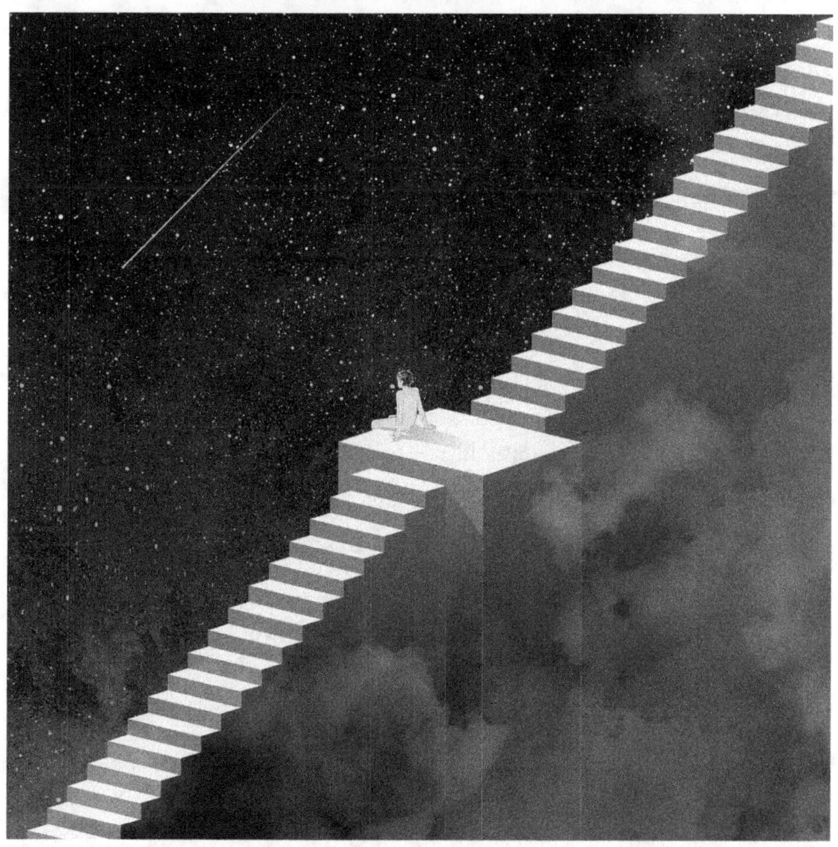

PIDO PERDÓN POR ESCRIBIR ESTE ARTÍCULO PERO TENÍA QUE HACERLO.

Muchas veces no presentan el futuro económico y social como un camino que se bifurca desde el presente en un cruce con varias sendas que se abren paso, y dejan la responsabilidad de elegir la senda correcta al lector o la sociedad occidental con sus votos y los políticos…. Y luego dirán que fue culpa tuya no haber tomado las decisiones correctas. Ahora mismo con las crisis que se nos vienen encima, ecológica, energética, social y existencial, todos los grandes pensadores están especulando sobre los posibles futuros, cada uno con su sesgo yo supongo que en este artículo con el mio.

Las alternativas son variopintas….

1. Seguir como si nada…. **Business as usual.**

2. Que la extrema derecha se haga con el poder y cancele la democracia generando un estado autoritario, totalitario o fascista. **Estados totalitarios, autoritarios o fascistas.**

3. Que todo cambie de repente y todos vivamos como ermitaños en ecoaldeas y con permacultura. **Universo colapsista supervivencia.**

4. Que todo sea muy bonito, respetamos los derechos de todos en una nueva sociedad post capitalista. **Universo ecofeminista, decrecentista y pacifista.**

5. "La revolución" de las renovables que nos salvaran para tener lo mismo pero renovable..**Tecno optimismo puro.**

6. "La revolución" de las renovables que no se salvarán pero además consumiremos un poco menos…**Tecno optimismo decrecentista.**

7. Guerras mundiales, muerte y destrucción.

Y ya está….. Espero haber sintetizado todas las opciones que hay del universo estudioso del tema. Desde mi simplista y criticable punto de vista, en occidente sólo 3 de esas opciones son las que pueden pasar, y no serán opciones elegibles en un cruce de caminos, donde de repente occidente pueda elegir su futuro y si elegimos mal será nuestra culpa…. Sencillamente será la consecuencia de 3 de estas opciones una detrás de otra hasta llegar a 2050-2100…. Y será inevitable. **¿cuáles cree mi aventajado lector que serán? ¿por qué las otras no sucederán ni serán una opción?** Por cierto he escondido o omitido opciones porque no las considera mucha gente pero que probablemente salgan más adelante en este artículo.

Entonces empezamos a descartar opciones…. Las revoluciones

renovales tecno optimistas, 5 y 6, **son pura fantasía**, las renovables complejas, eólica, o solar no nos permitirán tener lo mismo que ahora, ni con un poco menos, como mucho tendremos que conformarnos con saltos de agua para producir electricidad para un universo totalmente diferente al actual como cuento en mi relato La historia de la energía y los humanos. Pasado, presente y futuro. (I)[103] y La historia de la energía y los humanos. Pasado, presente y futuro. (II)[104] de mi segundo libro Relatos Colapsistas 2.

El segundo grupo es el de que todo será bonito porque sí, obviamente es el más bonito para muchos, vivir en paz y armonía, sin destruir los ecosistemas, donde todos seamos iguales, donde todos tengamos derechos mínimos como una infancia y una vejez digna etc… eso serían las opciones 3 y 4, estas opciones en diferentes grados consideran que la población mundial, o occidente aceptará felizmente decrecer, mucho o poco, dejar de consumir, dejar de tener tecnologia, coches, aviones, en diferentes grados, desde el nivel ermitaño, hasta complejas e igualitarias sociedades incluso algo tecno optimistas con tecnologías sostenibles. Todas estas opciones esperan que la mayoría de las personas sean como ellas cuando imaginaron estas sociedades y que de forma feliz pacífica, usando la parte racional de nuestros cerebros inevitablemente nos haría entrar en razón y aceptar por el bien común un nuevo mundo feliz. EL SER HUMANO NO ES ESTO, NUNCA LO HA SIDO. Y lo que es peor, con esto esperamos que los demás nos dejen hacer, así porque si, ahora occidente crea un mundo feliz y los países dominados durante cientos de años o las personas en occidente que les gusta dominar no harán nada…Dejarán que por fin lleguemos a la sociedad soñada. Y por fin vamos a las 3 que quedan, 1, no hacer nada, 2, dictadura autoritaria, totalitaria o fascista de la extrema derecha, 7, guerras, muerte y destrucción. No son opciones, aunque lo parezca, no hay un camino opcional que sea empezar ya guerras mundiales de muerte y destrucción, ni que la extrema derecha se haga con el poder en todos los países a la vez y acabe con las democracias…Todo son consecuencias del capitalismo en sí mismo. El

103https://www.felixmoreno.com/es/index/
49_40_la_historia_de_la_energa_y_los_humanos_pasado_presente_y_futuro_i.html

104https://www.felixmoreno.com/es/index/
50_40_la_historia_de_la_energa_y_los_humanos_pasado_presente_y_futuro_ii.html

sistema actual sólo tiene una dirección, y es triturar el planeta para generar riqueza y esta riqueza debe ser siempre mayor que el año anterior... elige un país, elige un sistema político y salvo extrañas circunstancias, el 99% de la humanidad está viviendo esta realidad. Da igual que sean países comunistas, o capitalistas, o social democracias, o dictaduras, o que haya reyes y reinas... da igual... todas van en la misma dirección. Y lo que es peor no se puede cambiar.. El sistema no va a cambiar para adaptarse, nunca se adapta... solo tiene una opción y es seguir hacia delante... como si nada... en todo el planeta... hasta su propia autodestrucción... inevitable por definición. ¿y entonces que? Pues que el sistema será destruido violentamente, al 90% por sí mismo, al acabar con la vida, la energía y los recursos... y el otro 10% será algún tipo de fascismo. El autoritarismo, totalitarismo o directamente fascismo será un elemento "útil" para la destrucción del actual sistema, irremediable, irreconciliable, destruirá lo que quede, será como las termitas acabando con los últimos pilares de una casa ya de por sí vieja y caduca, sin tejado y en la que el agua ya ha hecho casi todo el trabajo, las sobras, las últimas piezas digeribles serán para este tipo de sistemas. Y esto nos lleva a la última fase, guerra y destrucción, será un estado totalitario, autoritario o fascistas de derechas o de izquierdas, o mejor dicho, un sistema donde los medios de producción sean de los ricos o de los pobres...teóricamente hablando...porque siempre habrán clases, pero serán las clases dominantes occidentales actuales o serán clases dominantes orientales, o nuevas clases dominantes después de una revolución.... Esa es la única incógnita, se resolverá con guerras y no es opcional, simplemente el camino es recto, y lo caminaremos, los que sobrevivamos iremos lo descubriendo. ¿Podría haber un estado autoritario de la extrema izquierda?, No lo he incluido en las opciones porque parece que todo el sistema occidental prefiere la dictadura de la extrema derecha, y por ella apostó desde la segunda guerra mundial por ellos, dejándoles hacer, como en España, Japón, Italia, Francia y Alemania. Al revés pasará en China y Rusia dependerá otra opción después de la destrucción de occidente por los mismos occidentales y la influencia de asia. Es decir nuestras actuales opciones no se presentan ante nosotros como caminos que recorrer, fueron diseñados, o mejor dicho, llevan gestándose tal vez sin una intencionalidad maestra desde hace siglos, desde el siglo 18, pasando por el 19 y con un punto de inflexión que fué la segunda guerra mundial y quien se quedó pilotando los diferentes sistemas mundiales... no tiene nada que ver con nuestra generación, ni tampoco hemos hecho nada para que tengamos derecho a elegir un camino. No se si después iremos ya a la casilla de salida, el fin de los humanos o tal vez vivamos un imperio mundial al estilo China que abarque muchísimo territorio con una inversión energética moderada, o una europa convulsa donde todos estamos todo el tiempo destruyéndonos continuamente con la poca energía que tengamos, pero después, seguiremos recorriendo la historia al revés. Después de todo esto... probablemente nada... el fin de los humanos, la vida...Tal vez volvamos a una eterna edad feudal semi ilustrada con ciertas tecnología como la luz, y así al menos durante 1000 a 5000 años... pues la energía no volverá y a la vida le costará, y tendremos sistemas parecidos a los imperios egipcios después de que todo lo actual se deshaga en el tiempo y esto siendo optimistas, si no... simplemente la humanidad tal y como la conocemos habrá llegado a su fin este siglo. ¿se puede hacer algo? Pues habría que coger el machete y hacer nuestro propio camino, sin atender a ninguna de las opciones que escribí arriba... pero es tarea titánica que no se si alguien o algo podría llevarla a cabo... y simplemente dejo esta vía abierta por estadística...ni siquiera por esperanza. Casi nadie se plantea realmente abrir el camino desde occidente, por varios motivos, primero una jaula de cristal, nadie la ve pero está ahí, nadie se da cuenta de que con los años y la comodidad de vivir en el primer mundo ha generado a acambio un espíritu poco crítico con el sistema real, es decir, mucha gente es crítica con el sistema hasta donde el sistema te permite que lo seas, sin salirte, sin hacer nada que el sistema considere purgable, porque los que llegan ahí, son eliminados, socialmente, o literalmente quedando en un limbo existencial respecto al resto de la sociedad, y porque en el fondo el sistema se defiende de cualquier alternativa real no fantasiosa, y lo hace a nivel mundial, como se hizo y se hace con sistemas competitivos como el comunismo que bastante "daño" hizo al capitalismo y que a día de hoy sigue suponiendo una amenaza, y eso que los países comunistas son básicamente capitalistas a día de hoy en lo que a recursos y energía.

27. PADRE NUESTRO, DEUDAS, PECADOS Y OFENSAS

Este no es un blog sobre religiones, ni es un tema que vaya a tratar probablemente nunca, pero lo que os quería contar hoy es una cosa curiosa que da que pensar relacionado con el colapso, la energía, el dinero y el capitalismo. Espero no ofender a nadie, las fuentes que uso son wikipedia , webs religiosas y oficiales. Este es el padre nuestro actual en castellano...

Padre nuestro, que estás en el cielo,

santificado sea tu nombre,

venga a nosotros tu Reino;

hágase tu voluntad en la Tierra como en el cielo,

danos hoy nuestro pan de cada día,

perdona nuestras ofensas

como también nosotros perdonamos

a los que nos ofenden,

y no nos dejes caer en la tentación,

y líbranos del mal. Amén

¿A cuántos de vosotros este padre nuestro les parece el correcto? La respuesta debería ser a todos (salvo que tengas buena memoria y tengas una cierta edad), pero ¿y si os dijera que este no es el padre nuestro de la anterior generación? Este padre nuestro en castellano fue revisado en 1988, no hace tanto y de obligado uso en todas las comunidades hispanoparlantes.[105] También a la vez se cambió en el padre nuestro inglés.[106]

¿Y que había antes de 1988?

Padre nuestro, que estás en el cielo,

santificado sea tu nombre,

venga a nosotros tu Reino;

hágase tu voluntad en la Tierra como en el cielo,

105https://elpais.com/diario/1988/10/26/sociedad/593823604_850215.html

106https://web.archive.org/web/20131029201315/http://www.englishtexts.org/praying.pdf

danos hoy nuestro pan de cada día,

Y perdónanos nuestras deudas,

como también nosotros perdonamos a nuestros deudores.

y no nos dejes caer en la tentación,

y líbranos del mal. Amén

El "motivo" es que había dos versiones antiguas, Mateo 6:9-13 con deudas, y Lucas 11:2-4 con pecados. Siempre se había usado la de deudas pero…vete tú a saber porque en el siglo del capitalismo las deudas fueron convertidas en pecados. Deudas que en todas las religiones se han considerado enemigas de la fe… hasta nuestra era capitalista… que cosas… **Por cierto hemos cambiado pecados o deudas por ofensas.**

Dice esta <u>web religiosa</u>[107].

"En 1986 y reinando Juan Pablo II, la CEE, en connivencia con las CE de 26 países de habla española, impuso cambios en el texto de algunos textos litúrgicos y en la oración más repetida entre los cristianos, el Padrenuestro. El cardenal de Toledo dijo al respecto: "…cambios que "son muy gratos al oído"." "En el original griego que se conserva del Evangelio de Mateo, la frase en cuestión dice (transcripción difícil por los acentos): Kai afes emín ta ofeilémata 'emón. La palabra "ofeilema (nominativo), ofeilématos (genitivo)" con su acusativo plural "ofeilémata" significa deber, obligación. Y el verbo "ofeilo", en sus cuatro significados, deber, ser deudor / deber, estar obligado. En modo alguno, "ofensas"." "Son bien conocidas las condiciones en que, en todos los tiempos, han vivido los pobres. También en tiempos de Jesús. Sacaban poco provecho de su labor extenuante e incluso, para poder dar de comer a su familia, se endeudaban con los ricos del pueblo, los terratenientes, o con los prestamistas usureros. La mayor parte de las veces no podían pagar las deudas. Deudas que se hacían eternas, que no podían pagar ni en mil años, y terminaban sus días no sólo humillados y desesperados sino esclavizados por las condiciones impuestas por el

107https://www.religiondigital.org/humanismo_sin_credos/Ofensas-deudas-Tergiversacion-Padrenuestro_7_1806189373.html

préstamo. Pasaba entonces –recordemos el sistema feudal-- y pasa ahora."

Y lo parecido pasó en la versión en inglés el mismo año 1988 de la mano la1 English Language Liturgical Consultation[108] (ELLC), donde se cambió "trespasses" por "sins", de infracciones a pecados.

"Although Matthew 6:12 uses the term debts, most older English versions of the Lord's Prayer use the term trespasses, while ecumenical versions often use the term sins. The latter choice may be due to Luke 11:4, which uses the word sins, while the former may be due to Matthew 6:14 (immediately after the text of the prayer), where Jesus speaks of trespasses. As early as the third century, Origen of Alexandria used the word trespasses (παραπτώματα) in the prayer. Although the Latin form that was traditionally used in Western Europe has debita (debts), most English-speaking Christians (except Scottish Presbyterians and some others of the Dutch Reformed tradition) use trespasses. For example, the Church of Scotland, the Presbyterian Church (U.S.A.), the Reformed Church in America, as well as some Congregational heritage churches in the United Church of Christ follow the version found in Matthew 6 in the Authorized Version (known also as the King James Version), which in the prayer uses the words "debts" and "debtors". FUENTE WIKIPEDIA[109]

Pero esto no es lago que pase rara vez, de nuevo se ha cambiado el padre nuestro en 2017 a petición de el Papa Francisco (la versión en inglés) , esta vez la frase:

"No nos dejes caer en la tentación"

por

"No nos dejemos caer en la tentación"

*"El pontífice **ha aprobado cambiar la línea en la que se dice "lead us not into temptation"** ("No nos dejes caer en la tentación"),por "do not let us fall into temptation" ("No nos dejemos caer en la tentación"), que está más cerca de la traducción francesa."*

108https://en.wikipedia.org/wiki/English_Language_Liturgical_Consultation

109https://en.wikipedia.org/wiki/Lord%27s_Prayer#English_versions

*"Hablando sobre el cambio en 2017, **el Papa Francisco explicaba: "Es Satanás quien nos lleva a la tentación, ese es su papel"**. En la tentación "yo soy el que cae, no es él quien me está empujando. Un padre no hace eso, un padre te ayuda a levantarte de inmediato"."*

Porque si no se puede malinterpretar como que dios es quien maneja el tema de la tentación y no, eso es cosa de Satán.[110] Es curioso como la misma iglesia tiene diferentes padre nuestros según el idioma, tienen unificado el idioma castellano con perdona nuestras ofensas, y el mundo anglosajón con el cambio de 2017 y que perdones los pecados.

110https://www.lainformacion.com/asuntos-sociales/papa-francisco-cambia-padre-nuestro-dios-ingles/6503260/

28. VAGOS Y MALEANTES

En 1933 un gobierno progresista empezó la redacción de la Ley de vagos y maleantes. [111]

"También conocida popularmente como la Gandula, la ley fue aprobada por consenso de todos los grupos políticos de la Segunda República para el control de mendigos, rufianes sin oficio conocido y proxenetas." Esta ley ponía en tela de juicio la seguridad jurídica del país, pues no hacía falta que hicieras nada ilegal, sino que se trataba de una especie de pre crimen subjetivo donde la gente era encarcelada o internada por si las moscas. Además posteriores reformas hicieron de esta ley algo más represivo aún y aleatorio hasta tal punto que el propio ideólogo de esta ley

111https://es.wikipedia.org/wiki/Ley_de_vagos_y_maleantes

acabase repudiándola, no obstante ya era demasiado tarde, los gobiernos socialistas y progresistas habían sentado las bases para futuras represiones incluso antes de la guerra civil. Básicamente eran punibles *"los vagos habituales (fuente wikipedia), rufianes, proxenetas, los que no justifiquen cuando legítimamente fueren requeridos para ello por las autoridades y sus agentes, la posesión o procedencia de dinero o efectos que hallaren en su poder o que hubieren entregado a otros para su inversión o custodia, los mendigos profesionales y los que vivan de la mendicidad ajena o exploten a menores de edad, a enfermos mentales o a lisiados. los que exploten juegos prohibidos o cooperen con los explotadores a sabiendas de esta actividad ilícita, en cualquier forma. Los ebrios y toxicómanos habituales. Los que para su consumo inmediato suministren vinos o bebidas espirituosas a menores de catorce años en lugares y establecimientos públicos o en instituciones de educación e instrucción y los que de cualquier manera promuevan o favorezcan la embriaguez habitual. Los que ocultaren su verdadero nombre, disimularen su personalidad o falsearen su domicilio mediante requerimiento legítimo hecho por las autoridades o sus agentes, y los que usaren o tuvieren documentos de identidad falsos u ocultaren los propios. Los extranjeros que quebrantaren una orden de expulsión del territorio nacional. Los que observen conducta reveladora de inclinación al delito, manifestada por el trato asiduo con delincuentes y maleantes; por la frecuentación de los lugares donde éstos se reúnen habitualmente; por su concurrencia habitual a casas de juegos prohibidos, y por la comisión reiterada y frecuente de contravenciones penales. "* wikipedia.

El régimen posterior franquista no solo se encontraba muy agusto con esta ley sino que la amplió e incluyó a los homosexuales como potenciales criminales que necesitaban ser internados en psiquiátricos. Cuando uno lee quienes eran potencialmente encarcelables la lista se parece mucho a lo que a finales de 2020 los gobiernos "progresistas" europeos usaron para luchar contra el coronavirus. En esa época los proxenetas, los que vendían alcohol a menores, los organizadores de juego ilegal, etc se escapaban de las penas porque podían pagar de forma lícita o ilícita sus penas con dinero, pero para los pobres, vagos, borrachos etc el destino era la cárcel preventiva. En el siglo 21, las cosas no han cambiado tanto, ahora el juego es legal, las apuestas deportivas acaban con los ahorros y el futuro de los jóvenes, los que venden alcohol a menores se las ingenian para seguir haciéndolo y los jóvenes se emborrachan haciendo botellones en la calle. Los pobres sin oportunidades con cartón de vino en mano, duermen al raso pasando a ser delincuentes con el toque de queda y de nuevo el fantasma de este tipo de leyes me hace recordar tiempos pasados. Esta restricción de la libertad va de las 10 hasta las 8 en España y en otros países europeos desde las 9. Han prohibido beber alcohol en la calle, durante todo el día, algo que "perjudica" obviamente a los botellones de los jóvenes pero también a los pobres y vagabundos que pasan del dia a la noche a ser delincuentes, pero para nada que los que venden alcohol en bares y discotecas dejen de hacerlo, solo los "vagos y maleantes" (pobres). No tener casa y estar en la calle por las noches ahora será delito. Por otro lado beneficia a los dueños de bares y discotecas que abrirán ahora más pronto y será el único sitio legal para consumir alcohol pues tampoco se podrán hacer en locales o casas particulares. **El coronavirus tiene miedo con esto, jaque mate virus**. Eso sí, en las islas canarias donde empieza la temporada alta no hay toque de queda, porque según el gobierno tienen el virus controlado. Me da mucho miedo pensar cómo todo esto acabará cuando estas leyes y métodos se pongan en mano de la extrema derecha europea y española. Prácticamente estás señalando a los mismos que esta ley de maleantes… como si la culpa del coronavirus y sus efectos en la economía fuera de estas personas... y no que estamos en una epidemia y que deberíamos no salir de casa durante el día salvo lo estrictamente necesario. Sin embargo, mientras unos "vagos", marginados y borrachos no podrán beber o vivir en la calle otros podrán pasarse todo el día bebiendo en bares y restaurantes en grupos de 6 sin mascarilla…desde las 8 de la mañana hasta las 10 de la noche. Con todo esto del coronavirus, muchas cosas extrañas están pasando. Muchos piensan que esto está acelerando lo inevitable el colapso social, económico etc y el miedo empieza a apoderarse del ideario colectivo. Ya empiezan a aparecer los enemigos habituales, los pobres, los borrachos, la gente que anda por la calle sin rumbo, vamos los maleantes. Por cierto para los alemanes todo el sur de Europa pertenece a este cliché, para los españoles de bien los que están debajo del estrecho y los barrios pobres de las ciudades españolas. A mi todo esto me huele a otras cosas, por un lado salvar la economía a cualquier precio que el dinero no deje de fluir desde abajo hacia arriba, por otro para nada importa que la gente pobre pierda su trabajo o que la gente no tenga para vivir, sino que haya enfurecidas masas de pobres intentando quitar la riqueza a los de arriba para sobrevivir.

El mayor temor es que el dinero deje de fluir hacia arriba, desde los pobres hasta los ricos.

Es decir, que un porcentaje de la población digamos el 50% no tenga trabajo porque la economía está muy jodida es algo que se deberá solucionar redistribuyendo riqueza, subsidios o directamente con camiones con comida…todo esto con la oposición de los de arriba hasta cierto punto, porque en el fondo mientras a ellos les llegue lo suyo, ahora como el dinero del 100% dejara de bombear hacia arriba… eso sí que sería un drama… y no porque el otro 50% se quede sin trabajo…fijaros que todo el dinero que viene de europa en su inmensa mayoría se quedará en esta capa permeable de empresas del ibex y amiguetes y apenas llegará a las pymes, autónomos o trabajadores en paro, es decir son ayudas para infraestructuras, energía, carreteras, grandes manufactureras y grandes explotaciones agrícolas… Estas empresas en España y en el resto del mundo están dispuestas a dejar caer a todos. Caerán los autónomos, comerciantes, pymes, agricultores etc, para mantener su bombeo de abajo arriba …y los políticos bailaran a su son, en los próximos años controlarán casi todo la riqueza si no lo hacen ya. Y es sencillo el motivo, el sistema está terriblemente endeudado, de hecho pronto podrá dar igual lo que se haga, el colapso será inevitable, pero mientras las grandes empresas de alimentación, de tecnología, de infraestructuras, banca, seguros, medicina etc, harán todo lo posible para seguir latiendo…todo lo demás da igual… por eso la gente en las ciudades no debe parar, da igual el coronavirus… con teletrabajo lo que se pueda y el resto en el metro al centro… si en los barrios pobres el paro es del 90% da igual, les confinamos. Todo dará igual mientras la riqueza bombee hacia arriba, ya sea con productos o impuestos que luego se reparten en ayudas a estas grandes empresas. Habrá cierres de pymes, autónomos, pequeños negocios… pero las grandes superficies, grandes fábricas, constructoras etc se harán con su mercado financiadas con dinero público nacional y europeo pagado por las clases trabajadoras. El toque de queda no es una herramienta desde mi punto de vista para la lucha contra el coronavirus, sino un ladrillo más de la futura cárcel a la que será sometida la población mundial. La obsesión por salvar el actual sistema pasará factura tarde o temprano a esta generación y las futuras (de hecho solo con la deuda que falta por pagar de todo el planeta ya es literalmente una o dos generaciones venideras hipotecadas).

Por cierto la ley de maleantes estuvo vigente desde 1933 hasta 1995.

No tengáis miedo de lo que hacen los de abajo… mirad hacia el otro lado.

29. ¿TELE TRABAJO O EN-TELE-QUIA ECOLOGISTA?

Llevo ya unos meses madurando este artículo en mi cabeza. Con esto del coronavirus muchos están encantados con esto de teletrabajar, menos los "empresaurios" que quieren tener el currante sentado en una silla visible las 8 hora que paga de su bolsillo, bueno la empresa, todos los demás encantados. Me fascina esta alegría y jolgorio de muchos, sobre todo politicuchos que no han pegado un palo al agua en su vida más allá de ser perritos falderos de los que están por encima de ellos y aplastar a los de debajo o ser hijos de alguna vieja gloria de sus partidos. También las empresas más modernas que ven una forma de abaratar costes, pues se ahorran dietas, oficinas, parkings, desplazamientos pagados, directores de oficinas, y cosas así.

Y todos al unísono cantan, viva el teletrabajo, viva la modernidad, viva la ecología y la ciudad!!!

Este artículo no va de derechos laborales, sí que irá sobre la estupidez humana, y tocaremos a los trabajadores de refilón porque al fin y al cabo son los que tienen que teletrabajar. Para empezar teletrabajar es de ricos… de clase media y clase media alta. Es decir trabajos de personas cualificadas, normalmente estudios universitarios, funcionarios, y todo tipo de trabajos que se puedan realizar con   tecnología avanzada como un ordenador las 8 horas. Como esta gente es la que acaba siendo políticos, o familiares de políticos, y son los que escriben artículos de economía, o están todo el día mientras trabajan perdiendo el tiempo discutiendo en facebook, pues pudiera parecer que son mayoría y que el teletrabajo es el agua bendita de la vida laboral. Y sin embargo si algo nos ha enseñado el coronavirus es que el mundo se va a cagar si no están los que no teletrabajan dando el callo por los demás en la calle. Mientras los teletrabajadores después de su jornada laboral se ponen a ver netflix, los que mantienen el país a flote se tienen que levantar a las 6 de la mañana, coger el transporte público o sus vehículos e irse a trabajar a su espacio de trabajo. Y son mayoría. lease panaderos, barrenderos, camioneros, trabajadores de fábricas, todo el sector alimentario, los que mantienen las infraestructuras eléctricas, de agua, de gas, la policía, los bomberos, todos y cada uno de los médicos y enfermeras que dan el callo en caso de pandemia y sin pandemia, los trabajadores en los supermercados, gasolineras, pescadores, agricultores, ganaderos, jornaleros y vamos todo el mundo menos los pocos que están en oficinas trabajando y que pueden teletrabajar.

Pero no pensemos mal de los que pueden teletrabajar, ellos no tienen la culpa de que su trabajo se pueda realizar de forma remota. Es más, salvo excepciones teletrabajar en muchos casos les genera una presión que no tenían en su anterior puesto. Llamadas continuas de control, charlas interminables por teléfono sólo para saber el jefe que sus trabajadores están realmente calentando el asiento de su silla, cámaras y aplicaciones que controlan sus ordenadores, programas de mensajería que te ponen ausente si no estás todo el rato moviendo el ratón. Y lo que es peor jornadas que en vez de 8 horas pasan a ser de 10 o más horas porque el sistema no se bloquea solo fuera de tu jornada, qué cosas. Los jefes llamándote fuera de tu horario para que revises cosas, y sobre todo que tu o tu pareja pagáis la calefacción, el aire acondicionado, la luz y la conexión a internet que usa la empresa para que teletrabajes. Todo esto tarde o temprano se regulará espero, y la empresa deberá pagar parte de estos gastos, y con un poco de suerte será más confortable la estancia en casa teletrabajando.

Dice Nico, lector de mis relatos y compañero del foro de Relatos Colapsistas sobre el teletrabajo:

"Yo he teletrabajando desde el 2012 hasta el 2017 full time en mi casa. Cuando dejé de hacerlo, la factura de la luz y del gas bajó más que considerablemente, te sientes más solo que la una. Es un buen método para atomizar aún más al personal, el individualismo es el mal y el teletrabajo aísla que te cagas, en todos los sentidos, al menos en lo económico se comportaron. En el aspecto personal, el teletrabajo tiene algunas ventajas, como comer en casa, echar la siesta y tal. pero tiene un coste importante, porque te aisla de tus compañeros. De esa época de 5 años teletrabajando full time, llegué a la conclusión de que; los humanos se necesitan unos a otros, aunque sea para pelearse, en mi caso, de esos 5 años teletrabajando, vivía solo. No es nada recomendable ese tipo de aislamiento. cuando empecé, era lo que quería, ojo. y tiene muchas ventajas, pero ojo: necesitamos a los compis del curro, aunque haya que aguantar algunas o muchas gilipolleces. Dicen que más vale estar solo que mal acompañado, ¿no?.Pues es mentira hace 30 años, quien hablaba solo era un loco. Hace 25, el chiste era "un teléfono móvil se parece a un condón en que los dos sirven para dar cobertura a un capullo". Hace algo más de 10 años que todo el mundo tiene móvil: todos locos que hablan solos y que son unos capullos. hablar solos. no mola esta perspectiva, ¿verdad? pues el teletrabajo es una vuelta de tuerca más. Ahora le hablamos a las pantallas, que es como una pared que se interpone entre nosotros y la realidad."

Y claro encima llegan los políticos ecologistas y te dicen que para salvar el planeta hay que teletrabajar… que es lo más chachi del universo…. ¿qué parte no entiende esta gente de que los verdaderos trabajos importantes no son teletrabajables? Es más, que estos trabajos teletrabajables serán los más prescindibles en una sociedad en decrecimiento o colapso… porque ahora los ecologistas políticos son decrecentistas, algunos.. han cambiado el discurso… como siempre hacen, dando volantazos políticos al son del populismo… porque antes eran de crecimiento verde, economía verde y circular… bueno aun lo son… solo que van como pollo sin cabeza. Pero claro este artículo no va de como dije al principio trabajadores o derechos laborales, va de energía, de colapso, de tecnología y recursos que es un poco uno de los ejes existenciales de mi blog… y aquí es donde se ponen las cosas divertidas. ¿que es más ecológico ir a trabajar o teletrabajar? Ya dijimos que los trabajos importantes se deben hacer de forma presencial con lo que realmente la pregunta es totalmente estúpida… lo importante, los trabajos realmente importantes que son la mayoría, toca ir a trabajar pero bueno analicemos este teletrabajo. Para empezar para teletrabajar necesitas de internet, de toda internet, de todo su consumo y recursos para realizar la misma tarea que antes podías hacer en tu oficina. Y aquí alguien podría decir, ya Felix, pero al final en la oficina también necesitabas internet … y mi respuesta es… ciertamente últimamente usamos internet para todo, pero realmente hasta hace bien poco se podía tener todo tipo de empresas sin internet y no pasaba nada. Una gestoría, cualquier departamento de ofimática, de cualquier empresa, todo eso hasta hace bien poco dependía de un ordenador o dos en la empresa, no hacía falta tener la empresa en la nube, ni los servidores en un búnker en la República Checa. Sin embargo con el teletrabajo se hace imperioso que todo esté en la nube, para que puedas acceder desde cualquier parte del mundo con tu portátil y hacer tu teletrabajo, todo eso significa ingentes cantidades de energía que antes solo era enchufar el pc de la oficina y apagarlo cuando te ibas y ahora es un infraestructura a nivel mundial solo para que tu oficinista pueda editar un excell desde casa… que es lo que hace la inmensa mayoría de personas cuando teletrabajan… escribir en el word y usar hojas de cálculo. Es decir solo con esto ya hemos pasado de consumir 300w en el despacho del oficinista de "Transportes Josemaría" haciendo nóminas a el 8% de toda la energía mundial. Pero hay más, el teletrabajo ha demostrado ser un boom para el comercio online. Resulta que una vez que estás en casa con el pijama te da pereza salir a comprar al supermercado, o a la librería que ibas después del trabajo antes de coger el tren de vuelta a casa…con lo que tenemos ahora, y cuando escrito esto cualquiera puede verlo en las calles de España, miles o decenas de miles de furgonetas paseando todo el día por tu pueblo o ciudad repartiendo paquetes de las tiendas online que están monopolizando todo el comercio dejando totalmente inservibles a los comerciantes locales. Pero como digo no voy a entrar en temas de derechos laborales etc ni porque estas furgonetas te entregan paquetes sábados domingos y festivos. Por otro lado, ¿consume más energía un edificio donde están todos los trabajadores usando la electricidad de la empresa, el internet de la empresa, la calefacción o aire acondicionado de la empresa?...o todos y cada uno de esos trabajadores en sus casas con sus calefacciones, aires acondicionados, conexiones a internet, con sus portátiles, con sus muebles, y sus mini oficinas en casa?, para mi es obvio pero... que alguien haga un estudio científico por favor. Tambíen dejas sin trabajo a todos los bares y restaurantes que servían la comida. ¿que produce más basura y consume más energía? Los bares que antes daban de comer a todos los de la empresa, además de generar empleo o los envases que ahora usan todos los trabajadores en casa, generando basura, pedidos online, electricidad para cocinar etc... Para mi siempre es obvio que la restauración produce muchísimos menos desechos por persona que uno en casa comprando en el supermercado pero... que alguien haga un estudio. Lo único que tiene de bueno el teletrabajo es que la gente no usa el transporte, sobre todo pensando en coches, que es el enemigo del ecologista... pero eso se soluciona de otras maneras, con trenes, lanzaderas, carriles bici etc.. no hace falta embutir a la gente en su casa y decir... "esto tie que ser bueno amijo". Pero entonces porque los ecologistas son ahora los abanderados del teletrabajo y quieren que se super potencie y todo eso??? Pues sinceramente desde mi punto de vista... porque los ecologistas políticos son de esa clase social media alta, profesores, funcionarios, políticos de carrera, gente con algún estudio, con hijos colocados y con estudios y que no ven más allá de lo que les rodea...y tampoco se cuestionan las cosas más allá de que el teletrabajo hace que la gente use menos el coche, y eso tiene que ser bueno, así de sencillos y superficiales son sus pensamientos... y por otro lado porque son tontos, ENDOGAMIA. Porqué será que no hay cosas más importantes como pensar en el futuro y en las persona que realmente sostendrán la economía según vaya faltando la energía, toda esa gente que no teletrabaja, los que tendrán que volver al campo etc y olvidarse de tanta m.... tecno optimista.

30. LA PIRÁMIDE CAPITALISTA ESTÁ DESFASADA.

Si alguna vez has oído hablar de la lucha de clases, de los de abajo contra los de arriba probablemente hayas visto o te hayas imaginado la típica pirámide como esta.

En seguida se ve a los de abajo, por encima políticos, burgueses, por encima de ellos aunque desde mi punto de vista están por debajo, el ejército, la iglesia y los reyes o super ricos. El problema es que en el mundo en el que vivimos ahora las cosas no son exactamente así (de hecho creo que hasta en el imperio romano o antes era ya diferente), desde mi punto de vista claro. Primero las obvias actualizaciones, ya no son reyes en su mayoría sino súper ricos que controlan a los políticos y países, la iglesia sigue teniendo mucho poder y el ejército sigue las órdenes de los de arriba, vamos lo obvio son ligeros cambios. Pero desde mi punto de vista esta pirámide no está completa, faltan como mínimo dos niveles, y no están por encima del proletariado, si si, insinúo que hay gente por debajo del proletariado, de hecho ya no lo llamaría proletariado (no ha todos), lo llamaría consumidores, sobre todo los que están entre clase media y clase trabajadora, o como mucho consumidores pobres del primer mundo. Por desgracia las cosas se van a poner muy complicadas en occidente también con la inminente crisis energética, y ya empiezan a haber pobres muy pobres, personas que no van a tener nada, pero eso no crea una conciencia de clase, ser pobres y hasta pensar que es tu culpa no puede construir un nuevo sistema. Por debajo de ellos están los consumidores del segundo mundo, los verdaderos proletarios de los países expoliados, los esclavos directamente que trabajan para que en el primer mundo y segundo mundo podamos mantener nuestra propia pirámide y a los que exprimimos, agotamos sus recursos, controlamos sus democracias y dictaduras y nos aseguramos de que pase lo que pase sus materias primas sigan fluyendo en forma de chocolate, café, soja, cobre, neodimio, coltán..., **por las buenas o por las malas.** Pero hay más, debajo de ellos hay que hacer un análisis no humanocéntrico, pues debajo de todo (desde nuestro punto de vista) están el resto de seres vivos, los ecosistemas, la vida que para nosotros no es más que materia prima triturable para convertirla en "riqueza". Riqueza que se distribuye de forma desigual por esta pirámide, pero que desde luego los proletarios del primer mundo disfrutan igual que los ricos, como son los bienes de consumo. Internet, televisiones, móviles, electrodomésticos, coches, aviones, camiones, ropa en abundancia, calzado, agricultura tecnificada, calefacción y refrigeración etc, y que hacen que no seamos la clase media, o trabajadores los de abajo en la pirámide. Hay no obstante pobres de verdad, que no tienen nada, pero no se consideran a ellos mismos proletariado, sino fracasados del sistema, y sueñan con ser ricos, y se conformarían con ser clase media.

Seamos sinceros con nosotros mismos, sabemos lo que nos viene encima, pero nos gusta nuestra existencia primermundista, si alguien nos dice que tenemos que vivir con menos tecnología, le pedimos que de ejemplo el, que se vaya a una cueva y que nos deje tranquilos que ya hacemos suficiente pensando en la revolución, votando progresista y hablemos en los bares de lo malos que son los super ricos.

Esto que parece una tontería, un pequeño detalle es muy importante para entender porque la lucha de clases del primer mundo está paralizada, simplemente porque no son los de abajo contra los de arriba, tenemos mucho que perder a diferencia de los que están por debajo de verdad donde si es posible que exista esa revolución y que nuestros ricos impiden con el beneplácito de nuestro consumo. Una revolución no puede salir de los que en el fondo tienen tanto que perder como casi los ricos. Porque un rico puede tener aviones, yates, casas, coches, tecnología etc, y tiene miedo a perder todo eso, pero es que el proletariado del primer mundo tiene casi lo mismo, no en la misma cantidad o calidad, pero si en la suficiente medida como para no plantearse vivir con menos sólo porque el planeta se esté muriendo por nuestro consumo… da igual… ya echaremos la culpa a los de arriba… y si me aprietas como hace la extrema derecha a los de abajo también…. Y no quiero quitar hierro al papel que los ricos y las empresas en el sistema capitalista tienen. Como no tienen piedad ni ética a la hora de conseguir sus objetivos, doblegan democracias, políticos y decisiones populares para sus propios intereses. Es enfermizo el objetivo de crecer continuamente, de que la riqueza aumente, de ser mas y mas ricos, los ricos y las empresas en general, nunca es suficiente, pero no olvidemos que producen muchas de ellas para nosotros. Además al considerar la naturaleza la base de la pirámide no nos damos cuenta de que la naturaleza está por encima de nosotros, que sin ella nosotros no podemos existir, que en realidad somos parte de la pirámide de la vida y no estámos arriba sino abajo, por arriba están los que hacen posible que tengamos oxígeno, comida, cobijo en el universo. Y esto nos llevará al fin de la vida probablemente.

Realmente si queremos un mundo mejor y nuevo hay que crear una nueva conciencia de clase, la clase colapsista, donde quepan trabajadores, clase media del primer y segundo mundo y por supuesto los que luchan por sus derechos y la vida en los países de origen para entre todos luchar por un nuevo sistema donde deberemos simplificar nuestra forma de vida, nuestra forma de entender el mundo global, la tecnología y los recursos… algo harto complicado pero esta es la vía, la clase colapsista dispuesta a dejar muchas cosas atrás y defender en todo el mundo la vida sencilla en conjunción con el resto de ecosistemas… todo lo que sea querer seguir como ahora pero cambiando a los de arriba o temiendo a los de abajo no nos lleva a ningún sitio con la que está por venir y alguien se hará con el poder para hacer lo que quiera con la gente por no haberse creado a tiempo esta nueva consciencia.

Os dejo con mi pirámide actualizada.

INDUSTRIAL WORKER
CAPITALISM
felixmoreno.com
WE RULE YOU
WE FOOL YOU
WE SHOOT AT YOU
WE EAT FOR YOU
WE WORK FOR ALL
WE FEED A

31. PARALELO 60

¿Cansado de los veranos de 6 meses con temperaturas por encima de los 35 grados y picos de 55? ¿Su salud se resiente y no puede salir de casa hasta bien entrado el otoño? ¿No puede respirar y necesita estar climatización las 24 horas durante todo el año? ¿No puede dormir porque se le reseca la garganta debajo del aire acondicionado o porque la temperatura por la noche es de más 35 grados? ¿Está cansado de vivir con personas que desean su muerte? ¿Desea vivir alejado de personas que no son como usted?

No se preocupe, sea uno de los pocos privilegiados que puede vivir en el PARALELO 60! Estamos creando una civilización entera solo para usted en este meridiano donde los veranos son suaves, y los inviernos como los de antes.

Únase a la clase privilegiada y abandone su ciudad natal donde no tiene ningún futuro. Nuestra civilización está perfectamente aislada contra la inmigración con torretas láser y drones controlados por la IA más avanzada, no hay errores, nadie puede entrar salvo que sea uno de los poseedores de una propiedad en el **PARALELO 60!** Ya somos más de un millón de afortunados que ya viven aquí, todos como usted, gente que se ha hecho a sí misma y que sabe lo que cuesta ganar el dinero, nada de parias ni personas que le quitan su riqueza a base de impuestos. Venga ya, tenemos todos los lujos, villas para todos los gustos y presupuestos. Con centros comerciales y sin personas pobres por ningún sitio, todo controlado por IA. Viva solo con su gente, la gente emprendedora, nunca más tendrá que aguantar a personas que no sean de su clase social. Se acabó el servicio de humanos con sus familias y el mantenimiento que requiere, ahora nuestros robots con lo último en IA se encargaran de todo, limpieza, jardinería, cocina, haga solo lo que le apetezca, su tiempo es oro, viva seguro sin miedo a que le robe el servicio. Usted será el verdadero amo, nadie le exigirá derechos nunca más. Tenemos también toda la industria necesaria para proveernos de todo lo que necesitamos de forma autónoma, todo con fábricas completamente automatizadas e independientes del resto del mundo. Y no se olvide, puede mantener sus negocios fuera del PARALELO 60, las leyes internacionales están a nuestro favor y tenemos a los mejores jueces y abogados en todos los tribunales nacionales e internacionales. Siga obteniendo riquezas de su antiguo país sin preocuparse por la ley. Además contamos con su empresa para proveernos de recursos para el PARALELO 60: si tiene residencia en el PARALELO 60 no tiene que pagar aranceles. ¡Viva aquí, trabaje para nosotros, trabaje para usted! Tenemos tarifas especiales para propietarios de minas, latifundios y recursos en el resto del mundo, consulte nuestras ofertas con uno de nuestros asesores. No se preocupe por la energía, disponemos de centrales nucleares fuera del PARALELO 60, solo para nosotros, bien defendidas contra los indeseables, alejadas completamente de nuestro preciado paralelo. ¡No deje que una catástrofe nuclear le amargue el día!

¿No tiene suficiente dinero para vivir aquí todo el año?

No pasa nada, puede alquilar alguno de nuestros apartamentos en los resorts para invitados y así poder pasar sus veranos con dignidad, respirando aire puro sin climatización y sin tener miedo a salir a la calle y/o morir de hipotermia. (No tendrá acceso a los beneficios ORO Y PLATINO). Pase sus veranos con temperaturas de 25 grados, como antaño en su país, en nuestra preciosas playas doradas, y bosques de ensueño. Disfrute todas las noches de la aurora boreal. El universo nos regala unas preciosas vistas boreales, **vea como PARALELO 60 es considerado el paraíso hasta en el**

universo. Pasea por nuestros bosques repletos de animales e insectos, viva de nuevo en la naturaleza, tenemos los últimos grandes mamíferos en nuestras reservas, ¿recuerda como era un jabalí, o un lobo?, vuelva a ver osos (los últimos) algunos de ellos genéticamente reconstruidos para usted. Tenemos también mariposas, y varios tipos de pájaros, recuerde cómo era el silbido de las aves (algunos sonidos podrían ser generados artificialmente y no ser de aves reales). Si puede permitírselo vuelva a cazar (solo para usuarios PLATINO).

¡VIVA LA UTOPÍA, VIVA EN EL PARALELO 60!

Y SI TIENE ACCESO AL PARALELO 60, NO OLVIDE QUE TAMBIÉN TENEMOS EL PARALELO 65, SOLO PARA PERSONAS REALMENTE IMPORTANTES.

¿Cansado de personas que se han hecho a sí mismas? ¿Le aburre hablar con los nuevos ricos? ¿Usted es el mejor entre los mejores? ¿Su fortuna es incalculable? ¿Piensa que la riqueza y el lujo es algo que debería ser solo para unos pocos?

PARALELO 65, SOLO PARA LOS ELEGIDOS DE VERDAD.

Puede ver el video relato narrado por Felix Moreno en youtube.[112]

112https://www.youtube.com/watch?v=DZkCsYg_9ls

32. EL FIN DE LA MEMORIA 1 PROCESADORES V. 2.1

Este artículo se publicó por primera vez en Agosto de 2019, esta edición es una actualización de Diciembre 2020, después de un año y algo escribiendo sobre estos temas, y después de que algunas cosas que avisaba pasarían en el futuro de la informática se han ido cumpliendo, como los eventos que pueden causar problemas de suministro, el problema de la concentración en pocas manos de estos ítems, de cómo gobiernos intentan controlar la producción y distribución por motivos estratégicos como cuento en las Chips Wars etc, todo esto previsto hace un año y medio está pasando ya en un entorno de escasez de energía en aumento. Felix Moreno.

En algunos círculos se habla ya del colapso económico, natural, social, energético... pero no suelo leer a nadie que hable de qué pasará con la cultura, con el cine, los libros electrónicos, fotos, música... con la sociedad mundial de la información cuando la energía escasee. De hecho, suelo ver cosas totalmente opuestas: artículos que intentan imaginar un futuro de decrecimiento y organización social con huertas, "animalicos", un portátil y unas redes telemáticas comunitarias para no perder las buenas costumbres de la época tecnológica, que desde mi punto de vista, está llegando a su fin. Un día hasta encontré un artículo sobre el campesino digital… anda que… En un alternativo futuro tecnológico en decrecimiento, sistemas descentralizados que funcionen en pequeñas redes podrán ser una solución, como por ejemplo el proyecto RetroShare[113], que se basa en la idea de un internet descentralizado F2F (*friend-to-friend*) e incensurable, dentro de una red WAN o LAN, sin necesariamente tener conexión con todo el mundo y que, en teoría, usa menos energía que un internet cliente-servidor normal. Pero es probable que después de leer este artículo te plantees un futuro sin internet ni ordenadores, pues el hardware no se fabrica en Albacete en una nave industrial, ni es algo que tu primo pueda arreglar o fabricar con un soldador...he escrito sobre esto en mis articulos de Piscina de Lodo vs Manchita, y Yonki Tecnológico.

Lamento dar la mala noticia: **toda la informática**, incluida toda la información que almacena, **será uno de los primeros pilares de nuestra sociedad en derrumbarse** durante un colapso o guerra probablemente próximos, y os voy a explicar por qué. Muchos aceptamos que -a la vista de los datos- la era del petróleo se acaba (hasta BP o Exxon han reconocido ya el PEAK), y que pronto habrá una reorganización a nivel mundial de todas las civilizaciones y formas productivas. No obstante algunos piensan que, de alguna forma y usando el pensamiento mágico, podremos tener ordenadores, internet y blogs donde hablar de la transición o donde ver películas después de un duro día de trabajo en el campo. Un ordenador o un móvil son prácticamente los objetos que más tecnología punta tienen de entre todos los **objetos que** un humano de nuestra era puede comprar con su trabajo. Tienen procesadores, memorias, pantallas, antenas, batería, todo tipo de sensores, dispositivos de posicionamiento por satélite, micrófonos y altavoces y a día de hoy, solo tienen sentido con internet funcionando para ellos. Hemos pasado toda nuestra información a la red, a la nube, ya ni la tenemos en casa. Y esto no implica precisamente poca energía: casi diría que hace falta **extraer materiales y energía de todos los rincones del planeta para fabricar un solo móvil** u ordenador (y los *gadgets* modernos que son básicamente ordenadores, como las televisiones, reproductores multimedia,

113https://retroshare.cc/

videoconsolas, circuitería de coches, enchufes inteligentes y todo tipo de electrodomésticos que tengan la palabra *smart*). Una lavadora, un lavavajillas, una nevera, un patinete eléctrico, un radiador… también a día de hoy contienen chips de memoria y procesadores, con lo que necesitan al igual que los ordenadores y móviles, todo el planeta a su servicio, lo que llamo Coste Civilizatorio[114]. No obstante, algunos de estos electrodomésticos podrían decrecer tecnológicamente y volver a fabricarse en los países donde van a ser consumidos quitando chips y sustituyendo todo por componentes más sencillos y con materiales más cercanos. Por contra, un ordenador, un *router* o un móvil, una televisión actual *necesitan* un procesador y un chip de memoria porque son básicamente eso: dispositivos de procesamiento y almacenamiento de datos. Todo eso es a día de hoy, y en un mundo en decrecimiento será imposible de fabricar en muchos sitios, entre ellos España. Aunque un aparato de alta tecnología tiene muchas piezas. Para enfocarnos vamos a centrarnos en dos piezas que considero las más importantes: *procesador* y memoria. El resto aún siendo importantes no lo son tanto como estas dos que además son las que en menos sitios se fabrican y menos empresas pueden hacerlo.

Un procesador a día de hoy tiene un proceso de fabricación tan complejo que necesita de países enteros y sociedades hipercomplejas para poder fabricarse. Actualmente los procesadores competitivos se fabrican solo en 2 países del mundo, Taiwán que ni siquiera es oficialmente un país, y Corea del Sur. Estamos hablando de productos que fabrican piezas del tamaño de entre 2 y 7 nanómetros (cuando escribí este artículo eran más países, pero el paso de los 15 nm a 5nm ha dejado fuera a países tan importantes como EEUU o China). Para entendernos: un átomo tiene un grosor de 0,32 nanómetros, una célula del tipo glóbulo rojo tiene un tamaño de 7.000 nanómetros, el diámetro de un cabello humano son unos 75.000 nanómetros. Es decir, estamos hablando de empresas que hacen transistores poco más grandes que 20 - 30 átomos juntos[115]. Pronto además, nos encontraremos con el límite de no poder hacer transistores más pequeños, porque por ahora solo somos capaces de crear objetos con átomos y no se pueden hacer casas del tamaño de un ladrillo con ladrillos. La ley de Moore

114https://www.felixmoreno.com/es/index/131_0_el_coste_civilizatorio.html

115https://www.lavanguardia.com/tecnologia/20170630/423774241459/tamano-chips-procesadores.html

está llegando a su fin. Poder manipular la materia a este nivel es algo que, como digo, solo pueden hacer en fundiciones muy específicas en cinco de los 194 países que existen, 2 si hablamos ya de última generación. El resto de países simplemente dependen del comercio y la política exterior para poder acceder a estos bienes. Ello ya muestra, sin entrar todavía en detalles energéticos, la **fragilidad estratégica de nuestra sociedad de la información.** Y por si esto fuera poco, estas empresas acaban o acabarán subcontratando la producción, por lo complicado de la tecnología en sí misma, a megaempresas que prácticamente acabarán fabricando todos los procesadores del mundo en 2 o 3 sitios del planeta. Cosas del capitalismo, la competencia, las patentes y la economía de escala.

A día de hoy, ya casi todo pasa por las dos fábricas que quedan en el mundo, la de Samsung en Corea del Sur y la de TSMC en Taiwán. Los nuevos procesadores M1 de Apple que usan tecnología ARM, en vez de X86 de Intel ya solo se pueden fabricar en esas dos plantas, algo que aparte de dejar fuera de juego a Intel que está perdiendo la batalla de los procesadores después de 40 años además acelera el fin de la tecnología X86. Pero incluso los procesadores X86 más potentes se fabrican en TSMC Taiwan, que son los que fabrica AMD y que están dejando obsoletos los diseños de Intel. Una pequeña lista de países que fabrican procesadores -los corazones de nuestra actual sociedad- con tecnología de menos de 10 nanómetros[116]Taiwán y Corea del Sur. (EEUU y China están invirtiendo miles de millones de dólares para recuperar su posición pero por ahora están fuera). De menos de 20 nanómetros, es decir más obsoletos, EE.UU y China. Antes podría haber estado Japón, pero que ya no esté en la lista es otro síntoma más de su decadencia. Insisto: en todo el mundo, solo cinco. Luego se puede ampliar la lista con países que fabrican chips[117] no tan pequeños ni potentes y que se usan para dispositivos más sencillos como TDT, IoT, Routers: Irlanda, Rusia, India, Israel, Japón, Abu Dhabi, Reino Unido, Italia y Alemania. Todos estos están entre atrás y muy atrás (Italia) en los niveles de miniaturización y en algunos casos simplemente sucede que las empresas madre no quieren que aprendan o tengan las herramientas necesarias para la última tecnología por motivos geoestratégicos. ¿Qué pasaría si alguna de

116https://es.wikipedia.org/wiki/10_nan%C3%B3metros

117https://en.wikipedia.org/wiki/List_of_semiconductor_fabrication_plants

estas 2 fábricas fuesen objetivos militares en una guerra? No lo vemos, pero al igual que recibimos un flujo constante de hidrocarburos, todos los días llegan a todos los países contenedores y contenedores llenos de microprocesadores, normalmente dentro ya del producto final: típicamente, ordenadores. Un solo día de corte de este flujo y los precios empiezan a subir en todo el mundo. Una semana y los precios del stock restante se dispararían. Un mes y habría caos mundial. Así de sencillo. Imaginad un mes sin contenedores llenos de ordenadores o microchips llegando a los puertos europeos. Solo un mes. (Pues ya pasó con el coronavirus, y subieron los precios y fábricas de coches tuvieron problemas de stock, subió el precio del hardware de consumo, y eso que solo fueron unos días de problemas). Una lista de las empresas que tienen los ingenieros y tecnologías capaces de fundir el metal para reordenar los átomos al tamaño de los procesadores actuales: GlobalFoundries, TSMC, UMC, Samsung Foundry, SMIC, y prácticamente esto es todo. **Seis empresas para 7.500 millones de humanos**, porque ordenadores portátiles y sobre todo teléfonos móviles, tienen prácticamente todos los humanos de la tierra. Esto puede resultar sorprendente, pues se podría pensar que son cosas del primer mundo, pero unido a que al principio simplemente heredaron nuestra basura tecnológica y ahora son un mercado más, los fabricantes tienen los mercados de ambos mundos cubiertos. Es raro el lugar del planeta que no tenga red móvil o redes *wifi* con acceso a Internet, al menos por lo que he podido comprobar personalmente. Seguro que hay miles de sitios sin cobertura, incluidas montañas de mi provincia y lugares como San Bol en Burgos, pero me refiero a cualquier aldea de más de 500 habitantes, pueblo o ciudad de cualquier parte del mundo. Recuerdo que un político español criticaba que los pobres que pedían comida tuvieran móviles: "Si tienes para un móvil tienes para comida" decía. Esto me lleva a una reflexión interesante: hasta el tercer mundo, que se supone viven en el colapso continuo y están mucho más preparados para situaciones complicadas energéticamente, tendrán que adaptarse a un mundo mucho más *low tech* incluso del que tienen ahora.

En un futuro decrecimiento -y tal vez colapso- **las naciones que no tengan capacidad de producción** de semiconductores **están en una desventaja estratégica**, no solo porque sean necesarios para tener teléfonos móviles y que la población tenga internet. Además todo el país depende de los procesadores de alta potencia: la gestión de la administración, telemetría, bases de datos, servicios públicos, etc. También **son imprescindibles para la guerra** moderna: drones, cazas, misiles, etc. Por desgracia seguirá habiendo durante un tiempo países productores que proveerán a otros países -siempre y cuando no los consideren enemigos- lo mínimo para mantener a la población controlada. De hecho las CHIP WARS de 2019 empezaron justo por esto, porque en teoría EEUU decía que CHINA estaba obteniendo demasiado poder tecnológico que podría ser usado para la guerra, aunque no creo que fuese la motivación real sino la pérdida del control sobre el futuro de la informática que hasta ahora es cosa de EEUU. Pensad que los primeros ordenadores IBM se usaron en la Segunda Guerra Mundial tanto por la Alemania nazi[118] como por los Aliados no precisamente para hacer hojas de cálculo o jugar al buscaminas, sino para calcular trayectorias balísticas y llevar bases de datos de personas. También la tecnología prehistórica de IBM se usó en la Guerra Civil Española[119] para encontrar disidentes, con comisiones incluidas para Franco.

Tal es la obsesión por un futuro de escasez tecnológica, que Rusia, Europa[120] y China[121] están invirtiendo dinero en la última década (China[122] y Rusia mucho, Europa una miseria) para tener la capacidad de diseño y producción de microprocesadores propios para un futuro en el que el comercio con los mencionados seis países decaiga debido a la inminente falta de energía, o por guerras o catástrofes medioambientales y las consecuencias que estos hechos tendrán para el comercio y la paz. Por cierto, aunque Europa está fuera por ahora en la carrea de los microchips de última generación, es en Europa, en Holanda donde se fabrican las máquinas que son capaces de fabricar microchips de última generación, con lo que en cierta manera, Europa a lo tonto tiene un control interesante sobre el futuro de la informática. Otra ventaja de disponer de esa capacidad de fabricación propia es **controlar** o evitar las *puertas traseras*, por obvios motivos de seguridad nacional, pues se sabe que los países importan procesadores y

118https://elpais.com/diario/2001/02/13/ultima/982018801_850215.html

119https://www.elconfidencial.com/tecnologia/2018-04-21/otra-historia-de-ibm-tarjetas-franquismo-guerra-civil_1552819/

120https://hardzone.es/2019/06/06/ue-procesadores-alto-rendimiento/

121https://www.profesionalreview.com/2019/06/23/kx-6000-zhaoxin-core-i5-7400/

122https://www.muycomputer.com/2015/04/13/tianhe-2-intel/

chips con *puertas* para el **espionaje entre naciones**, aunque desde mi punto de vista esto resulta de una relevancia menor que la capacidad de producir tu propia tecnología por motivos estratégicos. Creo que quien lea este texto podrá fácilmente imaginar qué pasará cuando muchos países no puedan producir tecnología en forma de memorias y procesadores ni importarla. Y no me refiero solo a los países más pobres: todos los demás países vivirán irremediablemente arrodillados ante las potencias que sí tengan esta capacidad, si existe esa posibilidad, porque cuesta mucho predecir hasta qué punto no tener petróleo nos llevará a qué momento tecnológico e histórico equivalente. Ahora mismo nadie se cuestiona la continuidad de un flujo constante de procesadores en forma de ordenadores, móviles y otros dispositivos electrónicos desde Asia y EE.UU. La oferta es amplia y la demanda no crece a un ritmo que implique ahora mismo subidas de precios salvo catástrofes puntuales… pero *¿por qué tendría que seguir siendo así?* Si la energía disponible escasea -tal y como predicen los modelos- la capacidad de producción y la demanda irá disminuyendo poco a poco junto con la potencia computacional que la tecnología vaya proporcionando (como narro en los siguientes artículos sobre el fin de la memoria). No sería disparatado pensar que en 5-10 años lleguemos a máximos de capacidad computacional. Bien podríamos acuñar un nuevo par de términos: *Peak Computing / Peak Memory*, **el máximo poder de procesamiento y almacenaje que cada una de las sociedades, países, o todo el planeta en su conjunto puede computar y almacenar.** Porque al igual que el PIB de un país va muy ligado a su energía, exactamente igual pasa con el poder computacional y de almacenaje, que depende de la energía disponible.

Hay gente que piensa que los procesadores cuánticos serán la salvación, que permitirán superar principalmente los límites físicos a los que tendremos que enfrentarnos en el camino hacia la miniaturización. Este es otro problema al que se enfrenta la fabricación de procesadores, como dijimos más arriba cuando hablábamos de tamaños. Pero lo cierto es que si algo necesita un ordenador cuántico a día de hoy, es ingentes cantidades de energía para mantenerlo refrigerado, no se si en el futuro con materiales superconductores a temperatura ambiente o cosas así podremos tener ordenadores cuánticos personales pero por ahora es un brindis al sol. Básicamente **los países más ricos** están en una carrera de I+D por **intentar** poder fabricar en sus territorios procesadores con los que poder tener *soberanía tecnológica* para reparar o crear armas o poder mantener los sistemas informáticos clave para el país, antes de que la falta de energía acabe creando guerras comerciales como las que está empezando a provocar Trump. No son nuevos los *embargos tecnológicos* en el mundo, y menos aún desde EE.UU., pero sí son más sonados últimamente gracias a este señor. En realidad el gobierno de EE.UU. lleva años prohibiendo transferir tecnología a ciertos países, sobre todo en forma de procesadores, y especialmente a China. Esto responde más que nada al deseo de **controlar el nivel tecnológico de cada país**, y controlar quién y dónde fábrica, y qué hace con ese poder computacional; una *guerra de las galaxias* electrónica que empezó en los 80 pero de la que poco se habla. Ya se hizo con la URSS[123], a la que se prohibió acceder al incipiente mercado de los microprocesadores y que tuvo que subsistir con su clon del Z80 hasta bien pasados los noventa. El poder computacional de un país -aunque aparentemente nadie piense en él y parezca algo ajeno a cualquier conflicto internacional-, es algo que preocupa, y mucho, a las principales potencias mundiales, sobre todo a EE.UU., Rusia y   China.

Y sin embargo, aunque la voluntad de los países sea controlar la fabricación, por ahora toca importar[124], como le toca a Apple, que diseña los procesadores pero los fabrica en Asia[125] (TSMC y Samsung Foundries) y ya puede patalear Trump todo lo que quiera exigiendo que se lleve la producción a EE.UU, de hecho EEUU ha proyectado hacer fábricas de TSMC en territorio americano para 2022-2023 y así no depender de territorios extranjeros. Al final son muy pocas fábricas en todo el mundo las que tienen la capacidad de fabricar chips de menos de 15 nanómetros, como dije por ahora 2 de menos de 5. El motivo es que hace falta tal cantidad de energía, dinero, I+D, personas preparadas, universidades, fundiciones sumamente especializadas, materiales y procesos de producción tan avanzados y unas demandas de tal escala que solo megafábricas en lugares muy concretos del planeta pueden producir la cantidad y calidad demandada. China por cierto lleva años importando ingenieros de Taiwán, ya es casi un

---

123https://hipertextual.com/2012/02/historia-de-la-tecnologia-zilog-z80

124https://asia.nikkei.com/Economy/Trade-war/US-expands-China-blacklist-to-supercomputers-and-AMD-partners

125https://es.wikipedia.org/wiki/Anexo:Procesadores_dise%C3%B1ados_por_Apple

10% de todos los ingenieros especializados los que han dejado Taiwán para irse a China. Recordemos que Taiwán es un territorio chino que se independizó, con lo que en el fondo son ciudadanos chinos y la asimilación es sencilla. Además ya sólo queda un sólo fabricante en el mundo capaz de fabricar las máquinas que hacen microchips, la holandesa ASML. No hay más y a quien venda esta empresa podrá hacer procesadores y a quien no, por ejemplo China, que no le dejan con intervención de la embajada americana en Europa y Holanda. Es decir, solo una sociedad hipertecnificada, con ingentes cantidades de energía en formas diversas, puede acabar fabricando el objeto que más necesita la actual sociedad de la información. Todo esto genera una demoledora fragilidad sistémica, y una **dependencia total de la energía disponible y del comercio mundializado** que hará que, en el caso de que la energía deje de llegar de los pozos petrolíferos o haya alguna guerra en Asia, todo se desmorone y que la Sociedad de la Información tal y como la conocemos desaparezca muy rápido. **Pienso que los procesadores** de la actual y de las siguientes generaciones **serán los últimos en ser tan rápidos** si la energía para fabricarlos se va reduciendo; difícilmente se podrá fabricar con menos energía lo que a duras penas se puede fabricar con toda la energía disponible hoy en día. Un ejercicio de futurología interesante consistiría en analizar qué pasa[126] cuando una de estas fábricas se inunda o sufre un corte de luz un par de días.

Entonces, ¿qué pasará con las sociedades tecnológicas cuando dejen de _fluir_ los procesadores a causa de una hipotética falta de energía o conflicto armado, o probablemente ambos?

En resumidas cuentas, empezará una decadencia donde todo lo tecnológico irá dejando de funcionar: al principio se irá disminuyendo la potencia y complejidad de los procesadores y sistemas de almacenamiento, año a año. Los primeros cinco años será un momento de priorizar: los gobiernos empezarán a hacer todo lo posible para que sus sistemas sigan activos, habrá una reducción de la utilización de ordenadores en los gobiernos en todo lo posible y un _triaje_ sobre qué es primordial que funcione

126https://www.elespanol.com/omicrono/tecnologia/20190722/precios-memoria-ram-subiendo-pensabas-actualizar-prisa/415709595_0.html y qué se puede sacrificar. Como siempre, **lo primero** para los estados será la **defensa** y el **control** de la población, y el intentar seguir fabricando para tener superioridad tecnológica respecto al resto de países. A nivel de usuario, poco a poco irán muriendo los procesadores actuales y el acceso al público en general a nueva tecnología se irá encareciendo. Probablemente tengamos procesadores menos complejos y de más nanómetros, fabricados más cerca, un poco al estilo del Z80 en la Rusia Soviética. En el siguiente artículo titulado "El fin de la memoria (II)" trato las propias memorias electrónicas, que no tendrán tanta suerte como los procesadores en lo que a obsolescencia se refiere. Los procesadores tienen vidas útiles de una década, e incluso apretando un poco 2 o 3, tal vez 40 años algunos… En realidad, no sabemos si durarán más de 50 años porque todavía no ha pasado tanto tiempo, pero las memorias no corren la misma suerte. Los *nativos digitales* tendrán que hacer la transición a simples mortales analógicos. Vivirán una decadencia donde al principio, solo el primer mundo tendrá tecnología, después solo los ricos del primer mundo podrán seguir teniendo tecnología potente, luego solo las empresas, y al final solo los gobiernos. Exactamente el **mismo camino** que ya hemos recorrido en los últimos 50 años, solo que **al revés.** A los pequeños ordenadores ARM, les pasará como a los vuelos *low cost*: se acabarán encareciendo. Cuidado con pensar que un miniPC ARM tipo Raspberry Pi es el futuro y la salvación (¡¡microordenadores por 35$ fabricados en Reino Unido!!). Estos microordenadores tan baratos usan procesadores de 10nm como los más caros y rápidos, solo que son más sencillos en lo que a arquitectura y velocidad, así que pocos países podrían fabricarlos. Hasta los procesadores y sistemas en chip (SoC) que hoy casi regalan con los cereales del desayuno se fabrican en Asia. Recordad las cinco empresas mencionadas fabricantes de procesadores: GlobalFoundries, TSMC, UMC, Samsung Foundry, SMIC. Bien, pues la Raspberry PI usa procesadores de la empresa americana Broadcom que no fabrica, solo diseña el procesador y la fabricación acaba en Asia o EE.UU. según el procesador lo fabrique SMIC, TSMC o UMC. Podéis buscar cualquier chip, cualquier fabricante, cualquier empresa de tecnología, tirad del hilo y acabaréis en un 99% de los casos en una de estas cinco fundiciones.

¿Se podría volver al actual presente tecnológico, con tal flujo de procesadores a todo el planeta en un futuro con sociedades sin petróleo? **¿A**

dónde se podrá llegar tecnológicamente con una TRE[127] de 2 a 4? Mantener estos sistemas de fabricación tecnológica una vez que ya no dispongamos del petróleo, será igual de complicado que seguir teniendo dos coches por familia en el futuro, o que poder seguir usando aviones. Tal vez las sociedades del futuro decidan que disponer de memoria y procesamiento digitales es más importante que tener coches, viajar en avión, o cambiar de ropa cada año, tal como la URSS eligió fabricar procesadores para sus universidades, gobiernos y ejércitos en vez de otros lujos, con la energía de que disponía. Retomando la mirada a cómo podría ser la informática post-colapso, resulta interesante ver los procesadores Z80 fabricados para mis ordenadores Spectrum o mis consolas Game Gear, Megadrive, etc. dando la talla después de 40 años. Un procesador el Z80, por cierto, inventado y fabricado en los EE.UU., pero copiado y fabricado también en Japón y la URSS, cada uno por sus motivos histórico-políticos o por bloqueos de importación, para alimentar a sus incipientes sociedades tecnológicas. Ahora ya no es posible copiar un microprocesador moderno, no tanto por la arquitectura, si no por el tipo de sociedad y la energía necesarios para poder fabricarlo; de hecho, a veces ni los propios fabricantes pueden implementar sus propios diseños en sus fábricas y externalizan. Es interesante también ver **cómo sobreviven en países con embargos tecnológicos**, como fue en su día la extinta URSS o actualmente la Cuba socialista.[128] Baste con buscar en la WWW información sobre el **fenómeno** *paquete*. Aunque en realidad los países tercermundistas sí que son parte del sistema de comercio internacional de procesadores y memorias: simplemente reciben los productos de otras formas, en forma de basura tecnológica o de contrabando, por lo que no podemos extrapolar directamente un embargo con las consecuencias de un colapso energético mundial donde falle la fabricación. Además, la era de los procesadores la hemos vivido prácticamente en tiempos de paz -al menos en Occidente-, con lo que **no estamos preparados para lo que vendrá o podría venir.**

Aunque apenas distinguible por los habitantes del planeta, durante la epidemia del coronavirus en 2020, **las cadenas de producción se**

127https://es.wikipedia.org/wiki/Tasa_de_retorno_energ%C3%A9tico

128https://www.youtube.com/watch?v=FFPjJM6yYS8

rompieron momentáneamente, hubo semanas en que las fábricas pararon en Asia, durante ese tiempo los precios de los productos informáticos subieron de precio, mientras se acababan los stocks, los fabricantes de coches no recibieron la tecnología y chips que necesitaban para fabricar sus coches, y eso que solo fueron unos días y en seguida se restableció el suministro. Por otro lado, con tanta gente en casa, se demostró la **debilidad de las redes de telecomunicaciones** y lo infradimensionadas que estaban: se tuvieron que ampliar nodos y los gobiernos pidieron moderación en el uso de la red. Los servicios de streaming redujeron su calidad para usar menos ancho de banda. No obstante, **sólo fue un pequeño susto comparado con lo que puede venir.** Guerras reales o comerciales, catástrofes y, sobre todo, menos energía, serán los que pueden poner fin a la sociedad digital.

China después de la guerra comercial con EEUU y ver como han intentado bloquear a Huawei para que no se convierta en la mayor empresa tecnológica del mundo se está tomando muy en serio el tener sus propios procesadores de última generación, más info en mis artículos de las CHIP WARS.

33. EL FIN DE LA MEMORIA 2 ALMACENAMIENTO V.2.4

Texto revisado y con sugerencias de Álex López y M. Casado.

¿Se puede medir la memoria de la sociedad de la información mundial? ¿Dónde se almacenan todos esos datos? ¿Cuánto dura ese almacenaje? ¿Qué pasará en el futuro con una sociedad tan dependiente de la tecnología?

PASADO Y PRESENTE DE NUESTROS DATOS

Si has nacido después de 1990, probablemente casi toda la información que has conocido, visto, jugado, oído o leído, haya sido en formato digital. Perteneces al 100% a la sociedad de la información. Si has nacido antes, sin embargo probablemente hayas usado cintas de cassette, tocadiscos, mucho libro en papel, tal vez hasta un LaserDisc, o aunque sea digital un CD. La principal diferencia entre alguien nacido después de 1990 y alguien nacido antes, es que probablemente toda esa información que ha usado desde su juventud hasta ahora, ya no exista. Es decir, si naciste en los 90, tu reproductor de MP3 donde escuchabas música ya no funciona o está terriblemente obsoleto, ese servicio de juegos online a finales de los noventa ya no existe, todos esos juegos, películas y MP3 que tenías de pequeño en discos duros, CD y disquetes, ya no funcionan o no tienes donde reproducirlos porque ya no existen los ordenadores donde jugabas a esos juegos. Esa enciclopedia que tuviste en CD llamada Encarta, la tiraste a la basura hace años porque ya no funcionaba en el ordenador... todas esas películas pirata que grabaste en CD-R están empezando a dejar de ser legibles y los códecs de vídeo que se usaron en esa época ya no funcionan en ordenadores modernos. Las fotos que hiciste con tu cámara digital, ya las perdiste, o has tenido que copiarlas una y otra vez, cambiando de soporte digital, pues las tarjetas de memoria Sony de esas primeras cámaras digitales ya no funcionan o no tienes donde leerlas, los CD donde grabaste esas fotos ya no son legibles y esos discos duros de 30 GB son del pleistoceno digital. Los documentos que escribiste en WordPerfect ya no los reconocen los programas modernos. Cierto es que, de alguna manera, se puede jugar a los juegos que se jugaban en los 90 en un PC moderno con un emulador, pero no usando los soportes originales ni los ordenadores originales, que ya están rotos. Por cierto, gran trabajo de conservación el de los archiveros digitales, que por todo el mundo recopilan y rescatan todo este software para preservarlo del olvido y de la pérdida total por obsolescencia de los medios de almacenamiento. Yo he colaborado y colaboro en lo que puedo para conservar esas reliquias digitales del pasado, de ahí mi oficio de archivero en mi extraño currículum. También puedes ir pasando de soporte digital a soporte digital tus archivos una y otra vez, de CD a disco duro, a disco duro nuevo más grande, a un BDR... pero según pasan los años, los formatos que tenían esos archivos -por ejemplo del procesador de texto WordPerfect 5 que se usaba en los noventa- ya no son legibles por ningún software moderno, ni esos archivos de música .mod son reconocidos por tu reproductor de MP3 o tu móvil (VLC, de software libre, aún puede leer archivos .mod de música). Esos archivos de vídeo en formato Real Media™ ya nadie puede leerlos, y esas animaciones Flash .swf ya son también del pasado.

Por otro lado, si naciste antes de los 90, tu música en cinta la tendrás guardada en algún trastero pero seguirá funcionando en un viejo radiocasete, o nuevo, pues hay un resurgimiento de la música en cassette, al menos en Japón. Esos discos de vinilo que compraste en los 60, 70 y 80 siguen funcionando a día de hoy en baratos tocadiscos "Made in China" que además tienen lector de MP3. Las revistas, periódicos y libros que andan por casa todavía pueden ser leídos y eso que llevan ahí desde tu infancia. Esos cómics del Capitán Trueno, o los X-Men que regalaban con el diario El Sol, o las aventuras de Los Cinco siguen - aunque amarillentos - disponibles para su lectura. Incluso esos VHS que tan mala calidad tenían y tienen aún, pueden ser visionados, aunque, para quienes estamos acostumbrados a ver vídeos en alta resolución, es casi un insulto a la vista ver el cine en ese formato :P. Si no has tirado tu enciclopedia en papel porque te ocupaba espacio en casa, puedes seguir teniendo, como tenían antes todas las casas, un pequeño resumen del conocimiento humano, con definiciones (muy por encima) de casi todo, salvo que tengas la Espasa-Calpe, en cuyo caso "el saber sí que ocupaba lugar". Incluso los LaserDisc todavía pueden ser leídos comprando un reproductor Pioneer que regalaban en el círculo de lectores y que por ahora los hay a cientos en las tiendas de segunda mano, al menos por ahora, aunque los discos empiezan a perder información, pero al ser analógicos son aún (más o menos) legibles. Por otro lado, los juegos de mesa: el Monopoly, El imperio Cobra, el Meccano, los Tente, El Palé -que era el clónico del Monopoly-, las cartas de coches, o la baraja de toda la vida de Fournier, ahí siguen, en el trastero, esperando que algún fin de año, un corte de luz, una pandemia de coronavirus, ... o una nueva generación, les dé un nuevo uso.

Y si has nacido ya en el siglo XXI, las cosas se ponen más extrañas en cuanto a tu universo de información. La información que tienes a tu alcance está sobre todo en Internet, tu enciclopedia es Wikipedia, que es una página web, pero antes usaste otras webs que ya no existen, tus videojuegos están en la nube de Steam, Epic o/i otras. Tu música ya no está en reproductores de MP3, si no que la consumes por streaming, directamente desde la nube, con plataformas tipo Spotify. Ya no compras libros, pero sí lees online con dispositivos tipo Kindle u otros ebooks del mercado. El cine ya no te ocupa discos duros, ni discos compactos, ni DVD, ni VHS, ni

LaserDiscs... todas las series y cine que ves son por streaming, desde plataformas como Netflix. De hecho, algunas de esas nubes de videojuegos, música o cine han cerrado con el paso de los años y han desaparecido todas las obras que "poseías". La web que visitaste el año pasado para leer un artículo interesante ya no existe hoy, y unas empresas que controlan los buscadores mediante algoritmos, deciden qué se debe leer y qué no. Muchas de esas búsquedas, además, han sido alteradas por humanos para ocultar resultados de webs que, por diferentes motivos -leyes, países, políticos, jueces o empresas- han decidido ocultar de su vista. Lo mismo pasa con la música, donde descubres y escuchas al son de lo que diga el algoritmo de Spotify, o el de Netflix en el cine, no pudiendo elegir qué película deseas ver, sino que debes seleccionar alguna de las que te ofrecen estas empresas ese día, mañana esas películas pueden ya no estar disponibles. Lo que vieron nuestros padres no lo veremos nosotros, porque lo antiguo no vende (gracias piratería, de nuevo, por salvaguardar algunas de esas series y películas de los 80 y 90, que salieron en VHS o se grabaron en VHS y que nunca se han reeditado en DVD o BD, y menos en streaming). Toda la cultura, información y entretenimiento que se consume ahora mismo, en el primer cuarto del siglo XXI, es efímera, no está físicamente en nuestros hogares, ni tenemos una copia, o derecho a hacerla. Si estos servicios cierran, no la podremos ver ni oír nunca más. La piratería tiene mala fama, pero tal vez esta afirmación no sea así, pues gracias a esta práctica, todos estos contenidos efímeros están siendo almacenados en inmensas filmotecas, bibliotecas y revistecas fuera del control de los propietarios del copyright, muy a su pesar y en contra de las leyes y términos de uso de las plataformas de streaming.

Antes de seguir, quiero hablar un poco del copyright y de cómo este acaba con la cultura: las obras tardan tanto en ser de libre acceso que la mayoría mueren y desaparecen antes de que se puedan copiar y redistribuir. La inmensa mayoría del cine está perdido, el cine japonés de antes de la segunda guerra mundial, el cine mudo, cualquier cine que no sea el comercial, está continuamente desapareciendo, pues a diferencia de los libros -que también se deshacen a los 100 años-, las películas y documentales tienen unos soportes que hacen que, antes de que sea legalmente posible copiarlos y distribuirlos de forma libre, estén literalmente convertidos en cenizas. Se debería poder acceder, copiar y salvaguardar la información de forma legal y libre antes de que el soporte que contiene esa información desaparezca convertido en polvo, que es lo que está pasando con leyes de copyright que duran ya casi 100 años. Sólo las obras comercialmente vendibles se mantienen vivas, pues los propietarios de los derechos sacan provecho, pero la inmensa mayoría de obras científicas, literarias, etc., se pierden para siempre al estar sometidas a restrictivas leyes de copia.

Continuando sobre el tema del streaming, he de decir que esto empezó a pasar desde el invento de la radio y la televisión, pues se pueden considerar servicios de streaming. Lo que se emitía por estos medios hasta bien llegadas las cintas magnéticas de vídeo y audio era imposible de almacenar y desaparecían inmediatamente después de emitirse para siempre. Con la invención de la cinta magnética, era y es responsabilidad de los archivos de las emisoras custodiar o no las cosas emitidas. Esta custodia por parte del emisor ha hecho que se hayan perdido miles de películas, series, conciertos, canciones, programas, noticias, etc. Dejo en manos del lector saber si esto es bueno o es malo, pero hasta ese momento, las noticias que iban en papel permanecían en manos de los lectores hasta que ellos consideraban, la información no era tan fugaz.

Este concepto fugaz de la información que recibimos con servicios de streaming, o con la radio y televisión se está convirtiendo un poco en nuestra realidad absoluta, una realidad intangible, que escapa de nuestro control y que se puede cambiar muy fácilmente, pues no guardamos una copia y se puede hasta borrar un ebook a voluntad de la empresa. Tiene un poco de parecido a 1984[129], donde las palabras y las noticias cambiaban o desaparecían. En mi opinión, el hecho de no poder acceder a lo emitido en el pasado de forma sencilla, o que sea directamente imposible, se ha usado en el siglo XX y en el nuevo XXI para controlar la opinión de la gente. No creo que fuese la intención cuando se inventó la TV, el CINE, la RADIO o INTERNET, pero al final, después de un período loco, acaban siendo muy útiles y controlables. De la misma manera que la BBC controló lo que vieron los ingleses durante décadas, ahora Google decide qué cosas aparecen y

129 https://es.wikipedia.org/wiki/1984_(novela)

desaparecen de su buscador, bajo las mismas órdenes que dirigían la BBC o cualquier otra cadena de televisión. Fuera del ámbito doméstico, que como dijimos, para los nacidos en el siglo XXI es una realidad fugaz, en 2020 al menos en España, estamos llegando a lo que el nativo digital llegó desde el año 2000: la completa digitalización y no propiedad física de nuestro día a día. Los ayuntamientos ya no usan papel, el resto de administraciones públicas tampoco, nadie sabe con exactitud dónde están los expedientes de las obras del parque de mi pueblo, o las sentencias que dictan los jueces a través del sistema Lexnet, donde todo lo judicial de España acaba archivado. De vez en cuando, algún hacker accede a estos servidores en la nube y salta la polémica. Las multas, los seguros, las facturas, la banca y prácticamente todo ya se envía por correo electrónico o páginas web y nadie sabe con exactitud dónde o quién tiene los originales, tampoco nos preguntamos realmente dónde están, están en una web. Sus registros médicos, sus recetas, sus datos personales ya no están en carpetas dentro de archivadores en los hospitales, ahora los puede ver cualquiera con permisos para acceder a esas bases de datos. Hay casos en los que se han compartido registros médicos con aseguradoras. Su prestación por desempleo se renueva telemáticamente entrando en una web que, además solo funciona con un navegador y utiliza tecnologías obsoletas que a veces dan error y ponen en peligro su prestación, pero en su oficina del paro no pueden hacer nada, hay un formulario de contacto en la web, envíe un mensaje por allí y alguien, no se sabe dónde, lo leerá. Como curiosidad, en la cuarentena del 2020 en España por el #coronavirus, las oficinas de empleo cerraron y el paro se renovó automáticamente, sin tener que llamar o ir a la oficina, como era habitual.

La ciencia se está pasando a la nube, los ordenadores y los resultados ya se publican en webs, se quedan en discos duros, y en las nubes de las editoriales donde usted puede acceder cómodamente desde su casa o universidad si paga la suscripción. En los colegios enseñan a los niños a no ser analfabetos digitales, les enseñan a manejar ordenadores y tablets, y sus libros de texto a veces ya no son en papel, sino que están en una tablet que controla una editorial y que no permite que el año que viene le des una copia a tu hermano pequeño, ahora obligan a pagar una licencia nueva para usar ese libro de texto digital de nuevo. Los apuntes ya los tomamos en colegios y universidades en el portátil, y los profesores te pasan los contenidos a través de la intranet de la universidad. Lo más importante a la hora de comprar un coche no es su consumo o su seguridad, sino sus sistemas multimedia, integración con GPS, mapas, servicios online, incluso Netflix en algunos coches, si... Netflix y Spotify, servicios de streaming de vídeo y música para el coche. Los últimos modelos ya no llevan radio CD. La prensa escrita sigue vendiendo cada vez menos y menos ejemplares, ya prácticamente solo se vende lo que va a los bares y bibliotecas, el lector habitual usa internet para informarse, entrando en sus webs favoritas y en las redes sociales. Los contenedores de papel se llenan de libros que ocupan espacio y nadie quiere, lo que, por cierto, me parece un crimen. Las bibliotecas purgan continuamente títulos en papel, ahora prestan los DVD por internet, también pagando a empresas de la nube. Los videoclubs son algo del pasado. Y así, espero que el lector se haya dado cuenta de manera superficial, aunque haya necesitado varias páginas para explicarlo, del presente de la información a la que tenemos acceso a día de hoy, finales del primer cuarto del siglo XXI.

En la siguiente parte del artículo vamos a analizar en qué soportes físicos se sostiene la actual sociedad de la información. Invito al lector a que antes de seguir leyendo, piense en qué tipo de aparatos está actualmente toda esta información que manejamos en este primer cuarto de siglo XXI. Voy a repasar sobre todo los medios más usados, tal vez me deje alguno que tú conozcas, si lo deseas puedes enviarme un email y lo añado, si procede.

LOS SOPORTES DEL SIGLO 21

PAPEL. DISCOS COMPACTOS, DVD, CD Y BLU-RAY, M-DISC. MEMORIAS USB Y TARJETAS DE MEMORIA. CINTAS MAGNÉTICAS. DISCOS DUROS. DISCOS SSD.

PAPEL

El papel sigue ahí, lleva almacenando información desde que sucedió al papiro, que sucedió a las tablillas de arcilla. En lo que a información leída por máquinas se refiere, también fue uno de los pioneros: almacenó canciones para cajas de música en el siglo XV, instrucciones para telares en el siglo XVII, canciones completas en las pianolas del siglo

XIX, estuvo en las máquinas de calcular del siglo XIX y fue el soporte para almacenar programas hasta mediados del siglo XX. Y podríamos pensar que eso es todo, que ahí acabó el papel como medio de almacenamiento mecánico, pero lo cierto es que con la mejora de los sistemas ópticos digitales, el papel continuó almacenando números legibles por máquinas por ejemplo para la banca, códigos de barras, códigos QR -con tecnología óptica-digital más avanzada-, incluso almacenaron videojuegos completos en papel legibles con un lector óptico como el Nintendo E-Reader para la videoconsola Game Boy Advance, que vendía cartulinas con juegos completos impresos en ellas. Actualmente es uno de los soportes más utilizados para almacenar pequeñas cantidades de datos: en parkings públicos, logística, códigos de barras de productos, almacenamiento de direcciones web en publicaciones usando las cámaras de los móviles como lectores, realidad aumentada, y muy presente también en robótica para que las máquinas identifiquen objetos de forma sencilla. La vida útil del soporte, que es papel hecho con árboles triturados, es de unos 50-100 años. Es interesante recordar que los libros anteriores al siglo XX (y finales del XIX) estaban hechos con fibras vegetales y animales que eran más resilientes al tiempo que el papel actual. Esto es un problema a la hora de preservar libros del siglo XIX y XX. Para almacenar datos, sin embargo, es mucho más resiliente que el resto de medios de almacenamiento. Un anecdótico ejemplo: al principio de la invención del cine se usó papel para almacenar películas enteras, fotograma a fotograma, impreso en hojas, algo que ha permitido conservar algunas películas mudas de los inicios del cine, después de que los originales en celuloide se quemaran o degradaran. No obstante, el papel tiene una densidad de datos a almacenar muy limitada, y suele quedarse antes obsoleto el aparato usado para su lectura, con lo que podemos perder la capacidad de leer estos datos con el tiempo por no tener la herramienta necesaria.

CINTAS MAGNÉTICAS

Llevan ya un tiempo entre nosotros. Se inventaron en el siglo XIX, pero su uso se popularizó en los años 40 y 50 del siglo XX, siendo usadas masivamente por la televisión para sus archivos, y sustituyendo en la informática al papel perforado. Luego fueron pasando al mercado doméstico para almacenar audio y video de forma analógica, siendo en los años 80 y 90 una forma económica de almacenar información digital. Sus pros son una fabricación relativamente sencilla del soporte: es una tira con una capa de material ferromagnético que cambia sus propiedades físicas (orientación de cargas en átomos) al ser escritas y leídas por un cabezal magnético. Se han usado, por ejemplo, en tarjetas de crédito, tickets de metro, ordenadores en forma de casetes, rollos, y se podría decir que el disco duro es una evolución más complicada de una cinta magnética. Podríamos meter también en el grupo de cintas magnéticas a los disquetes de varios tipos y densidades que vivieron con nosotros en la era de la microinformática en los años 70, 80 y 90 siendo reemplazados en los ámbitos domésticos por los discos duros, memorias USB y CD. Su longevidad es "alta" si se mantienen en buenas condiciones ambientales, unos 30 años pueden aguantar sin problemas. El problema, de nuevo, no es el soporte en sí, sino la tecnología para leer los datos. La tecnología va cambiando, los formatos también, y se dejan de fabricar unidades lectoras de cintas de 2 generaciones anteriores con lo que al final lo que pasa es que cada 5 años tienes que cambiar todo tu archivo de cinta por uno nuevo que lea las nuevas cintas y deje de leer las antiguas, reemplazando todo: cintas y equipos de lectura. Actualmente se usan las cintas magnéticas para almacenar los grandes archivos en las empresas de cine, así como en las cadenas de televisión, que almacenan toda su programación emitida en cintas. Más concretamente hablaré luego de la tecnología LTO, que es el estándar mundial. Este tipo de cintas magnéticas junto con los discos duros y los discos SSD, soportan la mayoría de carga de almacenamiento de la humanidad, aunque a nivel consumidor, nadie las conozca.

DISCOS DUROS

Los discos duros, inventados en los años 50, se pueden considerar una evolución de las cintas magnéticas. La información se almacena en discos que pueden ser accedidos de formas más rápidas que en las cintas, pues a diferencia de un cabezal estático por el que debe pasar todo el rollo de una cinta magnética, en los discos duros, es el cabezal el que se mueve a través de la superficie del disco mientras éste gira. La vida útil de un disco duro suele ser de entre 3 a 5 años en el mundo de la industria. Seguro que algún lector puede asegurar que el disco duro que tiene en su casa tiene 10 años y sigue funcionando, pero la realidad es que con los niveles de fiabilidad que requiere el almacenamiento, se considera que a partir del tercer año, el disco ya ha cumplido con su vida útil y lo que dure a partir de ahí, es vida extra. Además, la capacidad de los discos duros no para de aumentar, con lo que se suelen reemplazar antes de que su vida útil llegue a su fin. Como pasa con el resto de tecnologías informáticas de almacenamiento que estamos analizando, también quedan obsoletos los puertos de conexión y transmisión de datos, con lo que pasado un tiempo, ya no hay ordenadores que puedan entender las conexiones de esos discos y toca reemplazarlos. Actualmente los discos duros junto con las cintas LTO, y en menor medida los discos SSD, se puede decir que son los pilares tecnológicos sobre los que se basa nuestra civilización de la información. La densidad de información que pueden almacenar no para de crecer y todavía parece que nuevas tecnologías van a ampliar su capacidad algunos años más. En 2020 los discos duros tienen capacidades máximas de hasta 20 TB, pero cuando en el futuro leas esto, tal vez sean unos pocos más, suponiendo que todavía se fabriquen ordenadores.

DISCOS COMPACTOS, DVD, CD Y BLU RAY, M-DISC, Archival Disc

Los discos compactos llevan entre nosotros mucho tiempo también, al igual que otras tecnologías son la evolución de la evolución de algo. Podemos hablar de cajas de música en forma de disco que evolucionaron en discos de audio de pizarra, que evolucionaron en los LaserDisc que eran audio y video analógico. Y esa es la clave, los LaserDisc utilizan un láser que no toca la superficie del disco para leer y escribir datos. El LaserDisc que se empezó a comercializar en los años 70, dejó paso a los formatos digitales de CD en los años 80, DVD en los 90 y BLU-RAYS en el presente.

En el caso de los discos reescribibles, un láser quema la superficie, imitando a los agujeros de los discos compactos originales. Ha habido muchos tipos y formatos de discos compactos que se han quedado a medio camino de triunfar como el Archival Disc con capacidades de hasta 1TB, Holographic Versatile Disc (HVD) de 6TB, o los HD-DVD que perdieron la batalla contra los Blu-ray. Lo más "novedoso" últimamente son los discos M-DISC que, como innovación, pretenden ser mucho más duraderos y resilientes que los discos normales, siendo compatibles además con los discos compactos normales, para ello usan un grabador con un rayo láser más potente. En cuanto a durabilidad, todavía podemos escuchar discos de audio digital CD de los 80 y ver películas en LaserDisc de los 70, pero ya empiezan a descomponerse por los bordes. Los discos reescribibles, que son los que nos interesan para almacenar, empiezan a perder datos a los 10 años. Se supone que los M-DISC pueden durar cientos de años, pero no, al menos en las pruebas que se han hecho, no parecen especialmente resistentes. Pero la batalla en el mundo de los discos compactos no ha acabado, en 2020 todavía hay un proyecto que quiere competir con los actuales reyes, que son los discos duros y las cintas LTO. Sony lo llama Optical Disc Archive y son unos packs de 11 discos Archival Disc que van como en unas cajas y que pretenden, como digo, competir en el "Cold Storage o Almacenamiento Frío" (en el que copias una cosa y lo guardas literalmente en un armario hasta que te haga falta), que es el mercado actual de las cintas magnéticas LTO. Estos cartuchos rellenos de discos compactos tienen una capacidad de casi 6TB y prometen una durabilidad de 100 años, pretenden ser el formato del futuro para guardar los archivos del mundo, que a día de hoy, siguen buscando el mejor formato de almacenamiento.

DISCOS DUROS SSD, MEMORIAS USB, TARJETAS DE MEMORIA

Toda esta familia de almacenamiento se basa en nanoelectrónica de transistores, es decir, que son parecidas a los procesadores y suelen ser las mismas fundiciones y fábricas de procesadores las que trabajan las obleas para memoria de estos dispositivos, con lo que recomiendo leer mi artículo de *El fin de la memoria (I): Procesadores, Peak Computing*. Este tipo de almacenamiento está sustituyendo rápidamente parte del mercado del almacenamiento a corto plazo por su rapidez, sobre todo en portátiles y ordenadores de sobremesa donde está instalado el sistema operativo, y en grandes empresas que usan grandes bases de datos y necesitan que la respuesta de los discos sea rápida. En el mercado doméstico, como digo, tarde o temprano se acabarán los discos duros convencionales en lo que a disco de sistema operativo se refiere, de hecho serán más bien chips tipo NVMe, ni siquiera discos de 2.5 SSD. Por ahora, sin embargo, no sustituyen a los discos duros en capacidad total, pues aunque es posible fabricar discos SSD de prácticamente cualquier tamaño -solo es cuestión de apilar más y más chips de memoria en un encapsulado-, todo esto es muy costoso, aún en 2020. Muchos sueñan con que sea una alternativa al almacenamiento a medio plazo, pero yo pienso que la nube sustituirá completamente a los datos locales en la década de 2020 a 2030 y los usuarios se conformarán con sistemas de reducida capacidad. Los problemas que tienen los SSD y de los que nadie habla, son que en un entorno empresarial pueden llegar a durar poco, muy poco, entre 1 y 3 años, pues se degradan rápidamente con el uso. Es decir, que según vas leyendo y sobre todo escribiendo datos, se van rompiendo celdas de memoria. Otra cosa que no se suele decir, es que la radiación les afecta mucho más que a un disco duro magnético y pueden perder datos por temperaturas elevadas. En condiciones poco óptimas y si están apagados, pueden empezar a perder datos en 6 meses, es cierto que para que esto pase hace falta que haga mucho calor o mucho frío, pero el tema es que, por diseño, son cargas atrapadas que pueden salir volando por radiación espacial, calor, o de forma espontánea. Para luchar contra esta degradación y la de las escrituras, precisan de procesadores y memoria que va embebida dentro del mismo disco SSD, que también necesitan alimentación y su función es hacer complejas operaciones para la búsqueda de errores y su corrección. Con lo que su idoneidad para almacenar información a medio y largo plazo es descartada por los archivos mundiales, además de su elevado coste por unidad de almacenamiento. No obstante, el total de memoria producida anualmente, está haciendo sombra a los discos duros, aunque a bastante distancia aún, pero hablaremos de eso luego. Es importante darse cuenta de la complejidad en su fabricación, pues son ordenadores completos en forma de soporte de almacenamiento, con lo que hace falta la tecnología de los procesadores más la del almacenamiento.

EL ALMACENAMIENTO DE DATOS MUNDIAL

Ahora que ya hemos repasado los actuales sistemas de almacenamiento más comunes y su vida útil, si no has empezado a preocuparte, deberías. Estamos hablando de que toda la información mundial está almacenada en aparatos que, como mucho, pueden durar 10 años. Básicamente toda la información que producimos todos los años está almacenada en:

- Discos duros.
- Cintas magnéticas LTO.
- Discos duros SSD.

El resto: o ya no se usan, o se usan muy poco en comparación o nunca se han usado de forma masiva para almacenar grandes cantidades de datos. Eso sí, pueden estar en tu casa o en datacenters en la nube, pero solo en esas 3 formas. El mercado de los CD, DVD y BD está cayendo rápidamente debido a los servicios de streaming, los CD-R, DVD-R y BD-R también están cayendo, pero es terriblemente difícil encontrar información sobre las ventas, de hecho, este artículo te va a dar información que me ha costado mucho conseguir: me refiero a información que cuesta LITERALMENTE mucho dinero obtener, hay empresas especializadas en obtener este tipo de datos y que los venden relativamente caros, como 2.000 a 6.000 $ por unos informes en PDF, que suelen estar destinados a grandes inversores, interesados en conocer los mercados de almacenamiento para invertir su dinero. Pero hay truquillos para acceder a esa información gratis.

¿CUÁNTO ALMACENAMIENTO SE FABRICA EN EL MUNDO AL AÑO?

En 2018 fueron 0,96 ZETTABYTES = 962 EXABYTES = 962.000 PETABYTES = 962.000.000 TERABYTES = 962.000.000.000 GIGABYTES

Esta es la respuesta a lo que quizá te has preguntado alguna vez, la capacidad mundial de fabricación de espacio para almacenar información digital. 800 EB corresponden sólo a los discos duros y 112 EB a SSD fabricados en el año 2018. A esta cifra habría que añadirle los 50 EB fabricados en cintas magnéticas LTO. Con esto nos hacemos una idea del total, más o menos. **Podemos decir que en 2018 se fabricaron 962 EXABYTES, sumando las 3 grandes formas de almacenar.**

1.   DISCOS DUROS = 800 EXABYTES

2.   SSD = 112 EXABYTES

3.   LTO = 50 EXABYTES

En 2019 fueron de forma aproximada un 15% más: 1060 Exabytes (1,06 Zettabytes, algunos calculan 1,2 ZB) Y en 2020 con el coronavirus la producción cayó un 20%.

Mi predicción para los años que vienen es esta que amplio en mi otro artículo "El futuro del almacenamiento"[130], mucho menos optimista que la que hicieron en el pasado otros expertos.

130 https://www.felixmoreno.com/es/index/165_0_el_futuro_del_almacenamiento_digital_grfic a_de_felix_moreno.html

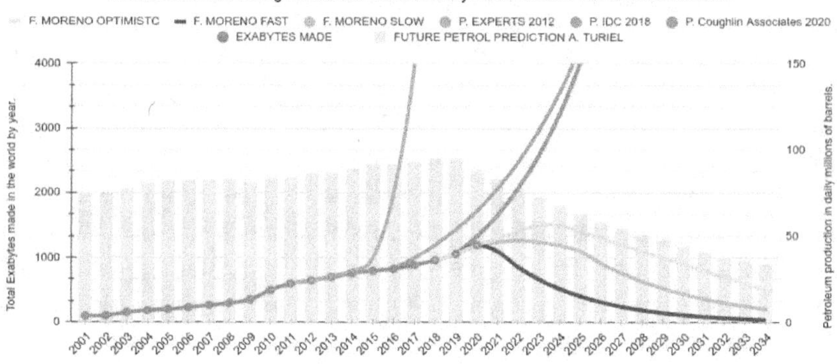

Y esto es todo, toda la información que subimos a la nube, todo Google y Facebook y Amazon, lo que tenemos en el móvil, en los discos duros y los archivos del mundo, en 2018 todos ellos suman 962 EXABYTES, para 2019 unos 1060 EXABYTES, y en 2020 probablemente de nuevo 1060 EXABYTES, para nada un crecimiento exponencial como algunos esperaban para los próximos años.

¿CUÁNTO ALMACENAMIENTO HAY REALMENTE EN EL PLANETA TIERRA DIGITAL?

Teniendo en cuenta todo lo fabricado en los últimos 5 años, que suele ser la vida útil de todo, sumándose, y siendo muy optimista:

3 ZETTABYTES = 3.000 EXABYTES = 3.000.000 PETABYTES = 3.000.000.000 TERABYTES = 3.000.000.000.000 GIGABYTES

Predecían en 2018 (IDC)[131] que para 2020 el total de bits fabricados serían de 2.3 Zettabytes, (2300 Exabytes), pero ya veis, entre el Peak Oil y el Coronavirus al final fue 1.6 Zb siendo muy optimistas. Cuando busco información sobre cómo será el futuro, me encuentro con auténticas barbaridades optimistas, y es que claro, si se calcula el tamaño medio de los discos duros año a año ¡el futuro va a ser increíble! En 2014 apenas se fabricaron 0,5 zettabytes. Y es que el futuro no está siendo tan optimista

131   https://blocksandfiles.com/2020/05/14/idc-disk-drives-will-store-over-half-world-data-in-2024/

como se predecía, ni el almacenamiento crece de forma exponencial, como muchos creen. La sociedad de la información crece tímidamente en espacio año a año, la realidad es mucho más discreta de lo que soñaban algunos. En 2018 se fabricaron 962 EB (0,96 ZB), para 2019 llegamos a 1,06 ZB (1060 EB), en 2011 fueron 335 EB y en 2017 780 EB. Y teniendo en cuenta que, como digo en este artículo, un SSD dura unos 3 años y un disco duro unos 5 años en los datacenters... **Siendo muy optimistas, en los últimos 5 años se han fabricado y podrán estar en uso en servidores y ordenadores y en casa unos 3-5 ZettaBytes, no puede haber más datos almacenados que discos duros, discos SSD y cintas LTO fabricadas. Otra cosa distinta es el tráfico diario, eso sí que puede ser superior**, porque se van distribuyendo copias de archivos que son visualizados y borrados continuamente de los ordenadores, como por ejemplo las películas por streaming, que tienen copias en varios servidores, las descargamos para verlas y luego se borran.

EL PEAK MEMORY

Aun así, parece que cada año hay más almacenamiento, que fabricamos más y más discos que el año anterior ¿no? Y es que todos estos datos tienen truco, o más que truco, omiten lo más importante: las ventas de medios de almacenamiento -excepto discos SSD, que todavía no ha llegado a su PEAK-, están ya bajando de sus máximos históricos en unidades vendidas, es decir, que discos duros y cintas LTO, hace años que llegaron a su PEAK DE VENTAS POR UNIDADES.

EL PEAK MEMORY DE LAS CINTAS MAGNÉTICAS LTO

Las cintas LTO, que son las que usan todos los archivos del mundo, universidades y televisiones públicas y privadas, "solo" supusieron 50 Exabytes (sin compresión) y es más, en lo que a ventas de cintas en unidades, no en capacidad total, los datos son mucho peores. Para empezar, cuando buscas información, resulta que te dicen que cada año son más y más exabytes los que producen, pero estos datos están inflados al 50% porque te venden que es usando compresión. Este es un truco muy viejo de las cintas LTO, que siempre te dicen la capacidad de datos comprimidos para exagerar las capacidades de las cintas, supongo que porque se usan mucho para bancos y cosas así, y ahí sí que puede que los datos comprimidos sean importantes, pero cuando nos vamos a archivos -por ejemplo, de vídeo- cuesta creer que la compresión sea siquiera de un 1%. En esta noticia de 2018,[132] vía HPCwire, nos dicen lo mucho que crece el espacio total de almacenamiento de las ventas LTO. El problema es que las cintas cada vez tienen más capacidad, pero cada vez se venden menos. Y es que cada vez hay menos fabricantes de cintas LTO, simplemente no es rentable en mercados que se reducen un 50% y con mucha competencia. Actualmente solo quedan 2 fabricantes: SONY y FUJIFILM. Y por si fuera poco, andan metidos en guerras de patentes para reducir su competencia por un trozo de pastel que cada vez es más pequeño. La batalla de patentes SONY vs FUJIFILM probablemente deje fuera del mercado americano (y tal vez mundial) a SONY y no siga fabricando cintas LTO. Tal vez por esto, SONY está probando lo que dije más arriba de discos compactos que sustituyan a las cintas en la próxima década. FUJIFILM es probablemente el único fabricante que vende ya cintas LTO, y de hecho, la última generación de cintas -las LTO 9- está paralizada y las LTO 7 y LTO 8 escasean, a la espera de que la guerra de patentes acabe.

Y este es uno de los problemas que afectan al mundo de la tecnología, y es que cada vez hay menos empresas: en el mercado LTO, donde antes había 6 empresas, ahora sólo quedan 2. Una "simple" batalla legal de patentes puede paralizar un producto "vital" en todo el mundo del archivo digital, en este caso, algo tan importante como el almacenamiento para la sociedad de la información:

Agotado: Cómo sobrevivir a la escasez de cinta LTO-8.[133]
El futuro de la nube depende de la cinta magnética. Una brutal batalla legal entre Sony y Fujifilm podría amenazar los suministros.[134]
FUJIFILM Corporation recibe una determinación final favorable en el caso

132   https://www.hpcwire.com/off-the-wire/record-breaking-amount-in-total-tape-capacity-shipments-announced-by-the-lto-program/

133 https://www.backblaze.com/blog/how-to-survive-the-lto-8-tape-shortage/

134 https://www.bloomberg.com/news/articles/2018-10-17/the-future-of-the-cloud-depends-on-magnetic-tape

del ITC de los Estados Unidos contra Sony Corporation.[135]
LTO DISCONTINUED.

Y la realidad es la siguiente[136]En 2008 se vendían 800.000 cintas LTO al año, en 2010 unas 400.000, y en 2018 sólo 250.000. Por poner en perspectiva, en 2019 se vendieron 320.000.000 discos duros y 64.000.000 de discos SSD. Luego hablaremos de ellos. Entonces, esto hace que las empresas tengan que pelear por un mercado terriblemente menor, pues lo que importa es el número de unidades vendidas, no su capacidad. Las cintas LTO llegaron a su PEAK EN 2008. No obstante, yo pienso que la tecnología de cinta magnética LTO aún puede dar alguna alegría si se consiguen cintas de alta densidad que puedan almacenar hasta 300 TB por cinta en el futuro, o juntando varias en algún sistema de pack de cintas LTO, como proyecta Fujitsu. Mi opinión es que, ciertamente las cintas, con sus 30 años de duración y su baja tecnología en la unidad -que viene a ser un trozo de plástico recubierto de material magnético, estando la complejidad en el lector- podrían, en un futuro de baja energía, volver a ser el medio preferido, pues discos duros y sobre todo los discos SSD son terriblemente complejos de fabricar, ya que cada unidad tiene dentro un ordenador completo.

EL PEAK MEMORY DE LOS DISCOS DUROS

Llegamos al fin a analizar al producto estrella, el que probablemente tenga casi todos nuestros datos vitales almacenados en algún sitio, el disco duro. Juventas en Wikimedia Commons / CC BY-SA. En número de discos duros por año, estamos en unos 310 millones de discos fabricados en 2019, para 2020 se calcula que serán menos de 300

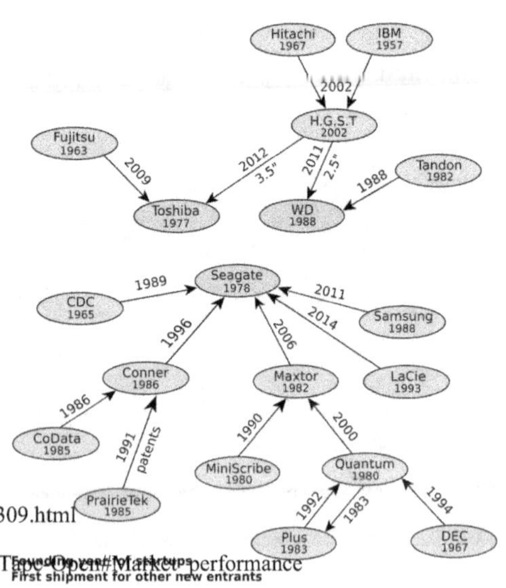

135 https://www.fujifilm.com/news/n180309.html

136 https://en.wikipedia.org/wiki/Linear_Tape-Open#Market_performance

millones. El peak de unidades vendidas fue en 2010, con más de 650 millones. Es decir que, en lo que a unidades vendidas, estamos ya en la mitad de ventas que hace 10 años, casi nada.

No obstante, en lo que a almacenamiento total se refiere, estamos en los 820 EB el año (2019), en 2011 fueron 335 EB y en 2017 780 EB. Aunque las ventas caen, la capacidad aumenta, con lo que todavía no hemos llegado al "PEAK MEMORY" de almacenamiento, pero si a su PEAK SALES en 2010, no obstante sí que se ve ya una fatiga en los exabytes que me hacen pensar que estamos MUY CERCA DEL PEAK MEMORY de los discos duros y que será también el PEAK MEMORY de la civilización. Por otro lado, ya sólo quedan 3 fabricantes de discos duros de los 200 que ha habido en el mundo: Seagate (40%), Western Digital (37%) y Toshiba (23%). Esto, como ya pasaba con los procesadores en mi otro artículo, El fin de la memoria (I)[137], o como acabo de comentar, de las cintas LTO, es un problema serio. Pocas empresas para unos productos que usan las sociedades de la información como pilares básicos, todos dependientes de que todo siga funcionando. Los motivos son dos: el primero es la complejidad del producto, que impide que cualquier empresa pueda fabricarlo y el segundo, la caída de la demanda a más de la mitad desde su PEAK, hace 10 años, que impide que sea rentable la competencia.

EL PEAK MEMORY DE LOS DISCOS SSD

Los discos SSD todavía crecen en lo que a ventas se refiere, son solo 100 EB de los 1.060 EB de capacidad anuales que se fabricaron en 2019, pero tienen recorrido quitando mercado a los discos duros, que siguen siendo los reyes. En 2019 las ventas crecieron un 21% respecto a 2018 (60,2 Millones). En 2020, no obstante, el coronavirus de seguro afectará a los números en el primer cuarto del año. Probablemente sea 2020 el pico de los SSD, pues ya se veía cierta fatiga en ventas en 2019.

---

137   https://www.felixmoreno.com/es/index/17_40_el_fin_de_la_memoria_i_procesadores.ht ml

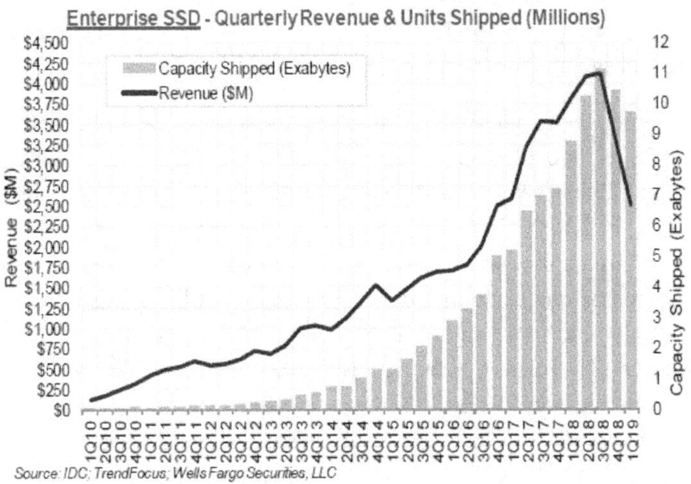

Los ingresos de SSD disminuyeron pero los envíos aumentaron durante el primer trimestre, vía Blocks&Files.[138]

En el tema de **dónde y cuántos fabricantes** quedan de memorias SSD, al ser un mercado en crecimiento, **hay más empresas** que en otros formatos de almacenamiento, pero que **ya van siendo poco a poco absorbidas o compradas** hasta que, al igual que en otros medios de almacenamiento, vayan quedando pocas:

- **Samsung (COREA DEL SUR)**, (29,9%). Tiene fábricas en Corea del Sur y China.

- **Kioxia (JAPÓN)**, (20.2%). Es una subsidiaria de TOSHIBA, compró a otro fabricante -LiteOn- en 2019 y comparte instalaciones en Japón con Western Digital.

- **Micron Technology (EE.UU.)**, (16.5%). Tiene fábricas en EE.UU., China y Taiwán. No para de comprar empresas de memorias y, como buena empresa americana, anda en fregados de denuncias de patentes. Trabaja con Intel en algunos tipos de chips.

138https://blocksandfiles.com/2019/06/03/ssd-revenue-and-shipments-down-in-the-first-quarter/

- **Western Digital - SanDisk (EE.UU.)**, (14.9%). Fabrica en Taiwan, Tailandia, China, Japón y EE.UU.. Adquirió la Japonesa HGST (Hitachi) y SanDisk.

- **SK Hynix (COREA DEL SUR)**, (9.5%). Fabrican en Corea y China, es una subsidiaria de Hyundai, y es uno de los grandes fabricantes de semiconductores del mundo. Absorbió la parte de semiconductores de LG.

- **Intel (EE.UU.)**, (8.5%). Con fábricas en China, EE.UU. y otros países.

Si os fijáis, más o menos están siempre las mismas empresas fabricando discos duros, memorias SSD y procesadores, RAM. Y eso que en memorias flash todavía hay mucha competencia, pero poco a poco serán absorbidas por las grandes del planeta. **Esto nos da una idea de hasta qué punto, la llamada "Sociedad de la Información" realmente son 10 empresas y unos pocos países.**

LOS EVENTOS

Antes de llegar a la conclusión, hay un tema muy importante que hay que tratar, yo lo llamo "los EVENTOS". Un evento es algo que pasa en el mundo, que hace que la fabricación de almacenamiento se reduzca, puede ser por un día, una semana, meses o años. Cuando llega un evento de estos, se pone a prueba la resiliencia en la fabricación mundial de medios de almacenamiento. Como si de monjes cartujanos se tratara, los fabricantes de discos duros distribuyen su producción por varios países para que estos eventos no afecten al 100% su producción, al menos algunos así lo hacen. Los eventos pueden ser geopolíticos: guerras, sanciones, guerras comerciales... Pueden ser climatológicos: inundaciones, tormentas, terremotos, tsunamis, incendios... Y también pueden ser epidémicos: en 2020 llegó una epidemia de coronavirus. Pueden ser simplemente errores, fallos en el sistema, un corte de luz, un equipo que no hace lo que debería hacer. Por último, pueden ser legales: patentes, mercados y leyes.

Analicemos algunos eventos del pasado:

El evento de patentes de las cintas LTO que comentaba antes, es tal vez el más serio: una guerra entre los dos únicos fabricantes de cintas magnéticas tiene o tuvo bloqueado el mercado mundial y está impidiendo que se fabriquen las nuevas versiones de más capacidad. Archivos, empresas de cine y televisión están viéndose obligados a buscar otras alternativas como nubes en internet basadas en discos duros. Algo parecido ha usadio EEUU para impedir que China fabrique procesadores de última generación.

El evento fallo en el sistema. En junio de 2019, Kioxia, fabricante de memorias flash -propiedad de Toshiba- sufrió un corte de luz en sus fábricas de Yokkaichi, Japón. El corte de luz duró 13 minutos, y durante ese tiempo se perdieron entre 6 y 15 Exabytes de memorias nand y maquinaría ultra compleja. Además esta fábrica de Kioxia se comparte con otro fabricante, Western Digital, pues lo complicado de fabricar este tipo de productos hace que, incluso empresas que son competencia, compartan tecnología para poder fabricar estos productos tan complejos. Algo parecido pasó en Diciembre de 2020 en la empresa Micron, Taiwán, donde un apagón de 1 hora afectó al 10% de la producción mundial de memoria DRAM de ese año y 2021, haciendo que subiera de precio durante unos meses.[139] Incluso un sólo minuto pasó factura a Samsung en enero de 2020.[140] Tardaron 1 mes en recuperar la producción. Para hacerse una idea de cuánto son 15 Exabytes de memorias SSD, recordemos que la producción anual de almacenamiento SSD es de 120 EB, es decir que fue un 12-14% de la producción anual. O si lo comparamos con las cintas magnéticas que se fabrican al año (10 EB), este evento perdió más capacidad que todas las cintas LTO juntas de 2019. Recordemos, 13 minutos. ¿Cómo afectaría una guerra o algo más grave a la producción de memorias?

El evento epidemia. El coronavirus de 2020, desde un punto de vista de eventos, es interesante. El motivo es que, a diferencia de un evento en una zona o un país, está actuando en varios países productores de tecnología de Asia, China, Corea y Japón, y puede afectar en un futuro a otras partes del

139   https://www.muycomputerpro.com/2020/12/06/micron-sufre-un-apagon-en-una-de-sus-fabricas-y-podria-afectar-al-precio-de-la-dram/amp

140   https://www.techpowerup.com/262566/minute-long-power-outage-at-samsung-plant-damages-millions-worth-dram-and-nand

planeta. En estos casos, la técnica de tener las fábricas repartidas por todo el mundo puede no ser eficaz, no obstante, veremos cómo afecta a la producción de memoria de 2020. He escrito un artículo sobre este evento, en concreto aquí: _#Coronavirus El evento que afectará a la sociedad de la información mundial_.

El evento incendio. En 2013 un incendio en las Fab 1 y 2 de China de SK Hynix, hizo que las acciones de su competencia subieran, a la vez que los precios de las memorias RAM, durante unos meses, costaron el doble.

El evento catástrofe natural. Ya sea por una sequía que impida fabricar cosas por falta de agua, o por una tormenta que destruya tendidos eléctricos o una inundación que estropee las máquinas o cualquier tipo de accidente debido a lo aleatorio fuera del alcance del control humano. Ha pàsado muchisimas veces en el pasado y sigue pasando.

CONCLUSIÓN

Sería muy optimista pensar en un mundo, donde pasemos de 2 ZETTABYTES fabricados al año (o lo que es lo mismo, 2.000 EB), pero viendo los distintos tipos de almacenamiento y que la energía se acaba, tal vez la humanidad haya llegado a su PEAK MEMORY, rondando los 1,5 ZB al año. Analizando lo que ha pasado con las cintas LTO, lo que está pasando con los discos duros y lo que pasará con los SSD, tal vez 2020 - 2025 sea mi pronóstico para el PEAK MEMORY o máxima capacidad de memoria para almacenar, fabricada por la humanidad al año. Probablemente todo esto sea un reflejo de la más que probable reducción energética mundial, por haber llegado o estar de camino de los PEAKS de petróleo, material nuclear, y carbón que orbitan sobre la realidad de la primera mitad del siglo XXI. Desde luego, ha sido la década de 2010 a 2020 la del PEAK, la que ha visto los picos en unidades fabricadas de las cintas LTO y DISCOS DUROS. Y los SSD, aún creciendo, veremos si pasan de los 70 millones de unidades fabricadas o este es su techo y los 100 EB al año. Pero solo viendo las progresiones, por mucho que aumente la capacidad por unidad, como el número de unidades vendidas no para de caer, parece que estamos a punto de llegar al punto de inflexión en el que la sociedad de la información perderá información, el momento en el que la capacidad total mundial sea menor año a año, que empiecen a subir los precios para mantener la fabricación cada vez más escasa y se acabe poco a poco con la memoria mundial digital. Esto dejará fuera, supongo, primero a los usuarios particulares y pequeñas empresas, que tendrán casi todo en la nube y su capacidad de almacenar en casa - empresa acabará siendo nula, quedando al final, solamente nubes que irán decreciendo hasta que solo estén en manos de gobiernos, universidades y bancos, como pasaba en la segunda mitad del siglo XX. Este decrecimiento de la sociedad de la información al que vamos de cabeza, lo extenderé más con más detalles -tengo una opinión muy concreta y clara de cómo será- en El fin de la memoria (III) Internet, y sucederá poco a poco y de forma muy sutil, o de golpe, si como digo, empezamos a encadenar eventos, y reducciones energéticas rápidas, guerras, epidemias, etc. Las reducciones lentas son las que me parecen más curiosas, pero las rápidas serán como siempre: violencia, guerras, destrucción y muertes…

Los precios medios de los discos duros dejaron de caer hace tiempo (por unidad, no por tamaño), lo mismo con los LTO, sólo los SSD parecen tener recorrido en lo que a precio por unidad, pero sin energía suficiente y con sistemas tan complejos para fabricar las memorias SSD, probablemente sean las primeras en caer en la década que acabamos de empezar, aunque parezca totalmente contraintuitivo, pues es "la tecnología del futuro". Mi predicción va más allá, probablemente las cintas magnéticas que llevan ya más de un siglo con nosotros, nos den alguna sorpresa en el mundo de la informática, mientras cae la complejidad en los próximos años. Ahora mismo se necesita muchísima energía y supertecnología para ir fabricando los 1.000 EB de almacenamiento que van sustituyendo a los aparatos de hace 5 años, dejándonos un constante de unos 3.000 EB de almacenamiento que se va renovando año tras año con más y más energía.

¿Qué pasará con toda la información que hay ahora mismo almacenada? ¿Qué pasará con esos 3 Zettabytes, (3000 EB) DE DISCOS DUROS, SSD, y cintas LTO que ahora mismo tenemos activas porque vamos renovando cada 5 años al ritmo de 1.000 Exabytes al año?

¿Cómo afectaría un evento prolongado en el tiempo, si

como dijimos cuando hablamos de los eventos, un corte de luz de 17 minutos acabó con el 15% de la producción de SSD de 2019? Imaginad una guerra, una epidemia, un corte en alguna ruta comercial, o las más que estudiadas y esperadas reducciones energéticas. En esos 3 Zettabytes que durarán 5 años y que deben ser renovados todos los años con 1 Zetabyte nuevo que reemplace al Zetabyte más viejo, están todos los vídeos de YouTube, todas las administraciones públicas de todos los países, bancos, bitcoins, todas las grabaciones de televisión que se han digitalizado, toda la música digital, todas las nubes, todas las películas pirata del eMule, los servidores de streaming, las radios online, toda la historia del cine digital, las películas de la Warner, de Sony, las que se han pasado de analógico a digital, todos los libros de los últimos años, universidades, estudios científicos, los datos del colisionador de Ginebra, eBooks, todos los libros digitalizados, todas las páginas webs y toda la información generada desde los noventa del siglo XX. Antes de eso teníamos papel, que dura unos 100 años, y microfilms que tienen fotografiados cientos de miles de periódicos... y antes de eso, los libros hechos con fibras vegetales, los papiros... y antes de eso, las tablillas de arcilla, que desde hace 5.000 años nos cuentan lo que pasaba en el mundo. En el mundo de los archivos mundiales estas cosas no pasan desapercibidas, hay todo un mundo de expertos pensando qué hacer cuando lo digital falle, por ejemplo, en el mundo del cine se están empezando a guardar en formato celuloide los nuevos estrenos filmados en 4k o 8k, con la consiguiente pérdida de calidad. Por si acaso, usan 3 celuloides en blanco y negro, uno por cada color RGB. ¿Cuánto quedará después de que el petróleo se acabe y no podamos seguir añadiendo 1 Zettabyte al año para renovar estos 3 Zettabytes? Cuando sólo podamos mantener 3 Zettabytes, 3..., 2..., 1..., ¿qué guardaremos en formato digital? Y esta es, amigos, la gran tragedia de la sociedad de la información: 5 años sin fabricar nuevos dispositivos de almacenamiento y se acabó todo... fin.

BONUS - LOS ORÍGENES DEL ALMACENAJE DE INFORMACIÓN

NOTA: Esto lo escribí para versiones anteriores de este artículo y lo deseché. Como ya está hecho, lo dejo como un bonus final. Puede que sea inexacto o sin pulir.

Al principio de la era informática, literalmente había unos señores (y señoras, pues al principio de la computación, este era un trabajo muy femenino) que tenían unas libretas donde tenían apuntados los **códigos**, y **manualmente** iban **pulsando botones** que iban **introduciéndose en la unidad de procesamiento.** Después vinieron los **rollos de papel perforados**. Eran unos rollos a los que se hacían unas perforaciones o agujeros donde cada línea perpendicular de agujeros en el rollo equivalía a un comando, que antes era una secuencia de botones que se pulsaban y ahora se hacía automáticamente siguiendo la secuencia en el papel.

Imagen de Antonio jc vía Ecured. **Esta tecnología,** por cierto, no se inventó para los ordenadores, si no que **era la evolución de las cajas de música,** que a su vez evolucionaron en cajas de música programables con tiras de papel, que a su vez evolucionaron en complejos sistemas de

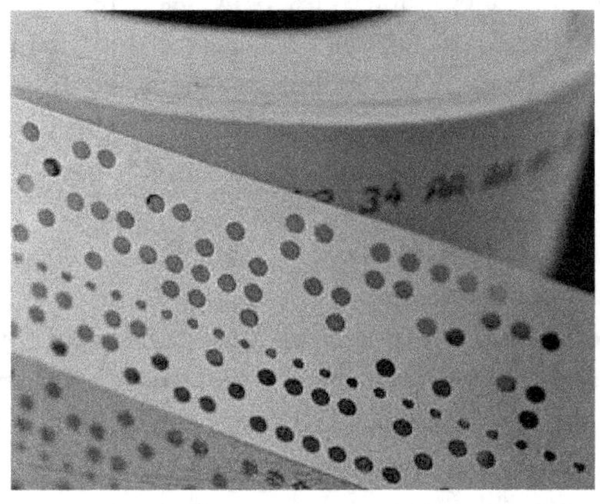

instrumentos que se tocaban siguiendo las instrucciones en un disco de papel -como las pianolas[141] Rollo de papel perforado en pianola. Museo de Tecnología de Varsovia. Imagen de Krzysztof G pl vía Wikimedia Commons.

Pero además, todo esto **también venía de otros sistemas**, como los que se usaban en el **siglo XVII** en las complicadas máquinas tejedoras de la revolución industrial.

Estos **telares que automatizaron la fabricación textil**, llegado el momento, también **quisieron automatizar los patrones de entremezclado de fibras y colores**. Y para ello inventaron máquinas que hacían funcionar al telar de manera distinta, **usando rollos de papel perforado** que activaban

---

141   http://www.centrodedocumentacionmusicaldeandalucia.es/opencms/musica-mecanica/organillos.html

diferentes programas de funcionamiento en los telares. No obstante, yo personalmente considero que **el origen** de este tipo de almacenamiento **son las cajas de música**, que como mínimo datan **del siglo XVI**, al principio con cilindros metálicos que, después dieron paso a los rollos de papel y discos. En la historia de la informática oficial, suelen ser los telares los protagonistas del inicio del almacenamiento "digital". Y fijaros en lo que os digo, pienso que el origen de los discos de vinilo, que luego fueron los LaserDisc, que luego fueron discos compactos, luego DVD, Blu-ray... igual que los discos duros, que eran, al fin y al cabo, platos con superficie magnética... pues todo este universo de concepto de almacenaje de información surgió al simplificar los rollos de papel con datos para las cajas de música, cuando se empezaron a hacer unos discos de papel perforados o metálicos para sustituir a los rollos o convivir con ellos. Es interesante estudiar cómo **la tecnología de almacenamiento** de información estuvo **entre discos y cilindros** desde los egipcios hasta el siglo XXI, donde al final ganó el disco, espera, no, ganó el cilindro... el disco... el cilindro en forma de cintas, el disco... Bueno, realmente ganó la batería de semiconductores... bueno, no, sigue habiendo discos y cintas... en fin, **ahí sigue todo aún. Y el papel... que se resiste a desaparecer** como forma de almacenar datos y textos.

Caja de Música Polyphon de 156 púas, 78 notas dobles, con 20 discos. En YouTube.

En fin, del papel perforado, se pasó a la cinta magnética que se inventó en el siglo XIX, pero no fue hasta **mediados del XX** que su uso explotó **en televisión y en informática**. También por los **años 50 aparecieron los primeros discos duros**, o proto discos duros que almacenaban la información de forma magnética, de forma parecida a como se hacía en cinta, y bueno, todos los sistemas de almacenamiento fueron evolucionando, y compitiendo entre ellos. **En los 70 el papel dejó de usarse y el almacenamiento ya era en cinta magnética o en discos duros,** también en los 70 (finales de los 60) **apareció el LaserDisc, los CD-ROM, las cintas de audio de datos,** los **disquetes,** varias evoluciones de **discos Zip en los noventa, los DVD y CD regrabables,** etc.

Fíjese el lector en que hay algo como que falta en toda superbreve historia del almacenamiento, ¿verdad? La RAM, ROM y USB, SSD... y no es casual, es que no hemos hablado de la otra parte de los componentes de un ordenador: la memoria interna. Llegado el momento, los ordenadores empezaron a tener una memoria más rápida y programable que un cartón perforado, esa memoria que estaba entre el almacenamiento y lo que es la unidad de procesamiento del ordenador. Era donde las cosas se almacenaban de forma temporal mientras se hacían los cálculos y antes de dar los resultados. Hoy en día, a eso se le llama RAM, y memoria caché de procesador incluso los registros de la CPU.

Se podría haber usando solo este tipo de memoria si hubieran sido infinitamente ricos en energía y recursos, pero ni las grandes potencias de esa época se podían permitir equipos tan sofisticados y grandes que, además, estuviesen siempre encendidos. Había que usar lo mínimo esas memorias y volcar el resto en medios más lentos y compactos, como el papel, para lo que no fuera estrictamente necesario. Y de hecho, así fue desde entonces hasta ahora, siempre ha habido memorias más caras y rápidas y energéticamente costosas, pues muchas veces necesitan estar encendidas para no perder los datos en los ordenadores; y también más baratas y lentas. Las primeras eran usadas para el trabajo instantáneo, por ejemplo todos recordaremos la memoria de los primeros Amstrad y Spectrum de 32 kB 64 kB 128 kB, las memorias RAM de los PCs más modernos de 640 kB, 1 MB, 4 MB 8 MB 16 MB... 1 GB, 4 GB y por ahora, en los años 20 del siglo XXI, lo habitual es entre 16 y 128 GB de memoria ultra rápida RAM. Y el resto, en discos duros, cintas magnéticas y la última evolución, los SSD -que serían el papel perforado de la época-. No siempre la memoria "rápida" de un ordenador fue dependiente de tener el ordenador encendido, pero casi, pues esta rapidez siempre ha ido MUY MUY LIGADA al consumo de ingentes cantidades de energía. Velocidad y almacenamiento de datos, siempre han ido muy muy estrechamente ligados al consumo energético hasta bien llegado el siglo XXI. Qué cosas ¿verdad? VELOCIDAD Y ENERGÍA LIGADOS... como en la vida real de los humanos y la naturaleza. Es importante recordar su evolución para entender el presente. Pues bien, al principio de estas memorias se usaban relés y memorias de línea de retardo que después nos llevaron a los tubos de vacío y a las memorias ferromagnéticas, predecesoras por cierto, de los discos duros.

¡Computadora japonesa FACOM 128B de 1958, sigue funcionando! Vídeo de CuriousMarc vía Youtube.[142]

Aquí podéis ver un ordenador japonés que a mi me fascina,[143] en pleno funcionamiento con su memoria interna hecha de relés. Un ordenador que, aunque no lo parezca, es de lo más avanzado que ha hecho el ser humano siendo low tech, sin tubos de vacío o semiconductores. El caso es que en la historia de la informática, al final los tipos de memoria y su evolución se van entrecruzando: la cinta pasó al principio a ser memoria RAM para luego ser almacenamiento, y a los discos duros les pasó lo mismo, que empezaron siendo RAM y luego almacenamiento. El papel... siempre fue papel. Todo este pedazo de introducción a los sistemas de almacenamiento era importante para poder entender ciertas cosas. Por ejemplo, este baile de San Vito de tecnologías entre memoria RAM y discos duros, era siempre debido a los costes tecnológicos y energéticos de cada una de estas formas de almacenar información. El papel siempre gana las batallas en lo que a sencillez se refiere, fabricar papel era una tecnología ya muy controlada a finales del siglo XIX, cuando se empezó a usar celulosa en vez de trapos, y materia orgánica vegetal en general... por cierto, la historia del papel también es muy

142 https://www.youtube.com/watch?v=_j544ELauus

143 https://www.youtube.com/watch?v=_j544ELauus&t=1206s

interesante, tal vez en otro texto (ya he escrito en algún medio escrito sobre esto y los molinos de papel). Resumiendo un poco, se puede decir que el papel para almacenar información fue el sucesor de la arcilla y el papiro, que es una hoja de una planta del Nilo que llevó luego al uso del papel en China y el mundo árabe, llegando a Europa por España. Era una pasta de fibras vegetales y ropa vieja (que etimológicamente viene de Papyrus, papiro). El problema es que la velocidad de lectura del papel era muy lenta, y eso que se hicieron sistemas muy muy avanzados de lectura de tarjetas perforadas, pero al final es materia moviéndose, y eso tiene unos costes energéticos, además de su densidad y capacidad de almacenamiento limitada. Las memorias con relés y los tubos de vació eran muy costosas de fabricar, y ocupaban muchísimo espacio. En el anterior vídeo del ordenador japonés, se puede ver un armario de relés de 30.000 bit o 30 Kbits que ocupan 20 metros cuadrados. El tamaño de las memorias rápidas, se fue reduciendo, pero a su vez, el coste de fabricar memorias más pequeñas y rápidas incrementaba el coste tecnológico, energético y económico. Por eso se seguía usando el papel para almacenar las cosas que no se tenían que usar inmediatamente, pues el coste de tener todos los programas cargados en la memoria rápida sería inmenso por lo complicado y caro de su fabricación. Y así, esta memoria rápida pasó de papel a relés, tubos de vacío, memorias de retardo, a cinta, y de cinta a discos duros, para quedar todos obsoletos con la llegada de los semiconductores de silicio en los años 60. Ese fue el gran salto en la historia de la informática (ver Memoria[144] en Wikipedia): unas piezas cuya unidad mínima era el transistor, que venía a ser una pequeña pieza de varios metales que podía retener una carga eléctrica y permitía almacenar datos en muchísimo menos espacio. De hecho, a día de hoy, se siguen usando tanto para procesadores como para almacenamiento y se sigue reduciendo su tamaño año a año a niveles atómicos.

144 https://es.wikipedia.org/wiki/Memoria_(inform%C3%A1tica)

ACERCA DEL AUTOR

Felix Moreno Arranz

Estudió en la Universidad Politécnica de Valencia Ingeniería de Tele comunicaciones y Grado de Ingeniería Informática.

Tuvo empresas pioneras en varios campos de internet, viajó por todo el mundo, vivió en España,

Irlanda (Dublín) y Japón (Tokio), peregrinó una y otra vez por Europa, Asia y Oceanía, aprendió varios idiomas que le abrieron puertas de culturas, compartió puntos de vista, fundó y/o colaboró en varios movimientos sociales (como Graba tu Pleno, Estafa Electoral, Real Democracy Now Ireland, Cuentas Claras, 15M), fue concejal de una ciudad, montó un partido político, fue *troll* de internet, estudiante, profesor, archivero digital, *gamer*, programador, jefe, empleado, autónomo, gerente, *youtuber*, *streamer*, emprendedor, empresario, comercial, hizo su propia red social y tuvo su propia empresa de videojuegos y aplicaciones para móviles, con su propia tienda de *apps* antes que de que existiera el Google Play o la Apple Store, hasta se inventó un idioma, el neokasteyano... ahora le dio por escribir cosas....

Al final, como todos, fue olvidado..

BIBLIOGRAFÍA

- **El contrato social**, Jean-Jacques Rousseau.

- **PEAK MEMORY 2** , Felix Moreno.

- **La caverna**, José Saramago.

- **Cosmos**, Carl Sagan.

- **El mundo y sus demonios**, Carl Sagan.

- **Ensayo sobre la ceguera**, José Saramago.

- **El nombre de la rosa**, Umberto Eco.

- **Microelectrónica**, S. Gergely.

- **Going Postal, Cartas en el asunto**, Terry Pratchett.

- **Contrapunto**, Aldous Huxley.

- **1984**, Geoge Orwell.

- **El Quijote**, Miguel de Cervantes.

- **Las historias increíbles del más allá de Tule**, Antonio Diógenes.

- **Poema de Gilgamesh**, Anónimo.

- **El libro de los animales**, Allí al-Jahiz

CONTACTO

- felix@felixmoreno.com
- https://twitter.com/FelixMorenolbi
- https://www.facebook.com/RelatosColapsistas/
- https://www.t.me/relatoscolapsistas

PÁGINAS WEB

- **Félix Moreno:** https://www.felixmoreno.com
- **Relatos Colapsistas:** https://www.relatoscolapsistas.com
- **Graba tu pleno:** https://www.grabatupleno.com
- **Estafa electoral:** https://www.estafaelectoral.com
- **Neokasteyano:** https://www.neokasteyano.com

"La Tierra es un escenario muy pequeño en la vasta arena cósmica. Piensa en los ríos de sangre vertida por todos esos generales y emperadores, para que, en gloria y triunfo, pudieran convertirse en amos momentáneos de una fracción de un punto" ... " Cuán frecuentes sus malentendidos, cuán ávidos están de matarse los unos a los otros, cómo de fervientes son sus odios. Nuestras posturas, nuestra importancia imaginaria, la ilusión de que ocupamos una posición privilegiada en el Universo... Todo eso es desafiado por este punto de luz pálida".

Carl Sagan, Cosmos.

www.ingramcontent.com/pod-product-compliance
Lightning Source LLC
Chambersburg PA
CBHW061751250726
48657CB00001B/75